物链芯工程系列图书

工业元宇宙 3.0

张星智领衔MCC工业元宇宙实践团队 ○著

电子工业出版社
Publishing House of Electronics Industry
北京·BEIJING

内 容 简 介

《工业元宇宙 3.0》定义了工业元宇宙的概念，探讨其特征和技术要素，强调虚实结合，实现工业生产全生命周期的数字化、智能化和协同化。本书介绍了工业元宇宙的四个发展阶段：以虚构实、以虚映实、以虚仿实、以虚控实，并探讨了相关基础设施、市场战略、品牌建设及超智能制造等内容。书中还提出了优化仓储、物流与供应链的策略，并展望了工业元宇宙的未来发展趋势，适合工业界决策者、技术专家、学者及对工业数字化转型感兴趣的读者。

未经许可，不得以任何方式复制或抄袭本书之部分或全部内容。
版权所有，侵权必究。

图书在版编目（CIP）数据

工业元宇宙 3.0 / 张星智领衔 MCC 工业元宇宙实践团队著. —北京：电子工业出版社，2024.10

ISBN 978-7-121-46519-2

Ⅰ. ①工… Ⅱ. ①张… Ⅲ. ①信息经济—普及读物 Ⅳ. ①F49-49

中国国家版本馆 CIP 数据核字（2023）第 199882 号

责任编辑：刘志红（lzhmails@163.com）　　特约编辑：王　纲
印　　刷：三河市鑫金马印装有限公司
装　　订：三河市鑫金马印装有限公司
出版发行：电子工业出版社
　　　　　北京市海淀区万寿路 173 信箱　邮编：100036
开　　本：720×1 000　1/16　印张：14.75　字数：236 千字
版　　次：2024 年 10 月第 1 版
印　　次：2024 年 10 月第 1 次印刷
定　　价：89.00 元

凡所购买电子工业出版社图书有缺损问题，请向购买书店调换。若书店售缺，请与本社发行部联系，联系及邮购电话：(010) 88254888，88258888。
质量投诉请发邮件至 zlts@phei.com.cn，盗版侵权举报请发邮件至 dbqq@phei.com.cn。
本书咨询联系方式：(010) 88254479，lzhmails@163.com。

物链芯工程系列图书

工业元宇宙 3.0

张星智领衔 MCC 元宇宙实践团队

张星智	刘晓雯	张贺宁	邵晓婷
章 飞	周 胜	周素芳	尚 堃
吕希罡	赵 迎	段仁洪	张德华
谭贻国	粮时丽	邓莺飞	李海霞
杨 均	朱嘉鹏	赵连振	赵静静
方和亮	何 超		

联袂合著

写作团队介绍

张星智

曾先后任职于 SAP、联想、腾讯集团等国际知名科技公司，前腾讯集团智能制造首席架构师，现任华体照明科技副总裁兼研究院院长，扎根数字化行业十余年。近些年专注于数字孪生、元宇宙与人工智能等前沿技术领域，担任国家工信部元宇宙标准委员会委员、中国电子学会专家委员会委员、中国移动通信联合会元宇宙产业委常务委员、中国工业合作协会仿真技术产业分会专家委员、西安邮电大学客座教授、清华大学四川能源互联网研究院电动执行器检测所首席研究员、四川省工业和信息化智库专家、成都市发改委智库、物链芯工程技术研究院副院长兼工业发展研究所所长、央链全球专家等社会职务，著有《工业元宇宙3.0》、主编《四川省工业元宇宙白皮书》、《中国工业元宇宙白皮书》等，荣获省部级奖项3次，在国内外期刊共发表5篇论文，同时拥有9项国家发明专利。

刘晓雯

互联网影视运营实操人、扎根数字传媒行业十五年。物链芯工程技术研究院常务副院长兼数字传媒研究所所长、央链实验室副主任、中国移动通信联合会元宇宙产业委员会联席秘书长、中国通信工业协会区块链专委会常务委员、央链全球学者，参与多个课题和2个标准，拥有多项国家专利。

张贺宁

区块链专家，江苏链集元宇宙研究院院长。南京区块链协会副会长、中国通信工业协会区块链专委会常务副秘书长，物链芯工程技术研究院副院长。承担4个国家级区块链课题，编制20多部区块链团体/行业标准、产业白皮书、高校教材，负责7所高校的区块链教学。

邵晓婷

物链芯工程技术研究院副院长兼元宇宙研究所副所长、中海洋（北京）文化艺术院秘书长，中国林业与环境促进会垃圾处理工作委员会秘书长，华信盛世（深圳）投资集团有限公司法人。

章 飞

企业数字化转型知名学者、物链芯工程技术研究院常务副院长兼云计算所所长、中国移动通信联合会元宇宙产业工作委员会联席秘书长、中国通信工业协会区块链专委会联席秘书长、中国旅游产业创新战略联盟秘书长、中国旅游产业创新基金发起人、清华大学文化创意发展研究院文旅研究中心主任助理、生命材料联合组织联合发起人。曾在华为集团任职十年，接受了华为研发、销售、规划、营销、战略等五个体系的培养，参与发起和制定华为云计算大数据战略，是中国最早的云计算大数据产业发起人之一。

周 胜

律师，中国政法大学法学学士、北京大学工商管理硕士。周胜律师现为北京市中洲律师事务所主任、中华全国律协建设工程与房地产委员会委员；曾任北京律协房地产专业委员会、土地法专业委员会副主任。周胜律师受聘担任国家会计学院硕士研究生导师、中国政法大学MPA教育中心、疑难案件研究中心兼职研究员、中国人民大学律师学院客座教授、江西财经大学法律专业学位兼职硕士研究生导师。

自执业以来，周胜律师凭借其卓越的专业能力和丰富的实践经验，先后荣获"北京市优秀律师""北京市十佳房地产律师"等多项荣誉称号。

周胜律师注重法律理论与实务研究，先后出版《外商投资房地产法律实务》（主编）、《房地产投资与开发法律实务》（主编）、《房地产业务律师基础实务》（副主编）、《闲置土地认定与处置》（副主编）；《律师办理土地法律业务操作指引》（合著）、《国有土地使用权合同纠纷案件裁判规则》（合著）等。

周素芳

物链芯工程技术研究院元宇宙研究所财务副所长、服务工业制造行业十二年。中国移动通信联合会元宇宙产业委员会副秘书长、中国通信工业协会区块链专委会常务委员、央链学者，参与多个课题和2个标准，拥有多项国家专利。

尚 堃

中国通信工业协会区块链专委会常务副主任，联席秘书长，物链芯工程技术研究院副院长兼文化研究所所长、链改行动计划发起人之一；中国移动通信联合会元宇宙产业委联席秘书长；2017年主导的《区块链广电媒体融合创新技术应用成果》获得国家社科基金重大项目优秀成果。2015年至今，与工信部、公安部、文旅部、农业部、人民日报等多个部委合作十余个数字经济应用专项课题；为四川省政府、南昌市政府、国家电网等近百家政府和企业提供数字经济项目规划，调研，方案设计与商业落地应用辅导。现为工信部区块链产业专家智库特聘专家，首批工信部人才评价认证技术应用专家和讲师，浙江省和杭州市数字经济专家智库特聘专家。擅长领域：数字经济，文化科技深度融合、文化数字化。

吕希罡

元宇宙经济和区块链经济学者、物链芯工程技术研究院副院长、中国机器人产业创新孵化联盟副秘书长，中国亚洲经济发展协会职业人才开发与管理委员会数字经济处主任， 中华儿童文化艺术促进会家庭文化教育委员会常务副会长，儿促会艺术生涯规划委员会执行秘书长，中国通信工业协会区块链专委会常务委员、客座教授、央链全球专家。在国家信息中心从事宏观经济和数字经济研究20余年。

RWA 项目孵化导师、深圳市区块链技术应用协会秘书长、中国移动通信联合会元宇宙产业委副秘书长、区块链技术应用领域专家、企业数据资产价值规划专家、多年海外顶级资源，助力企业出海。

赵 迎

华数控股集团有限公司创始人、中国通信工业协会区块链专委会副主任委员，合著《链改：区块链中国方案》。在数据中心、数字农业、数字能源、AI 智慧停车、AI 数字医疗大模型、数字资产交易中心等数字化场景有较多的创新和丰富的实战投资经验，华数公司的愿景是用数字技术和数字资产赋能实体企业，帮助中国实体企业通过数字化改造降本增效、提高品质、创新品牌，从而让中国产品和中国数字货币走向全球。

段仁洪

宽度网络科技（山东）有限公司的法人代表、执行董事长，5G 基站（铁塔）投资、建设、运营、维护的领军人物之一。中国移动通信联合会元宇宙产业委员会常务副主任委员，物链芯工程技术研究院副院长兼 5G 网络研究所所长、中国政法大学博士，多次被评为优秀党支部书记，中国商业经济学会商业创新分会副会长，北京中关村联合党委颁发的"最美慈善家"。

张德华

物链芯工程技术研究院数字直播研究所副所长、中国移动通信联合会元宇宙产业工作委员会副秘书长，央链直播总经理。曾供职于机械工业经济管理研究院装备制造业研究所、中小企业合作发展促进中心社会责任服务办公室秘书处，创始北京金雕文化传媒有限公司。业余时间从事书法创作，为甘肃省企业书法家协会理事、副秘书长、北京办事处主任。

李海霞

粮时丽

MBA，中国移动通信联合会元宇宙产业工作委员会专家委员、常务副秘书长，物链芯工程技术研究院元宇宙研究所副所长，央链学者。深耕康养产业十余年，曾参与了住建部软课题《社会力量参与老年住区建设的模式和相关标准》及《互联网+健康管理整合性商业应用》等的研究工作。近年来，专注于数字经济、元宇宙和人工智能领域，曾任中华孝道园元宇宙事业部总监，成功打造了《神由都城 1.0》项目，在文旅康养元宇宙领域有一定的深入研究，拥有多项国家专利。

邓莺飞

厦门携客红投资有限公司、厦门携旅网信息科技股份有限公司、中安网视野（厦门）元宇宙科技股份有限公司 CEO，物链芯工程技术研究院副院长、福建省数字经济企业商会副会长兼数字化转型专家委员会委员、厦门自贸区商会副会长、湖里区工商联（总商会）执委会副会长、厦门市动漫游戏产业协会副会长、厦门市科技服务行业协会副会长。专注于元宇宙科普教育、洞察研究元宇宙数字新世界的产业趋势与落地应用，虚拟数字人 IP 品牌塑造者，企业应对元宇宙转型方略研究者，个人元宇宙职业发展和创业机会挖掘者，与投资者、创业者、元宇宙爱好者一起共读元宇宙、探索元宇宙、深耕元宇宙。

谭贻国

谭贻国，湖南安仁人。深圳市虚拟现实产业联合会会长、深圳市南山区新质生产力产业协会会长、欧美中投资促进会大湾区负责人、前沿经济技术信息研究（广东）院院长、深圳市 VR 公共实训基地创始人、湾区 AI 算力创新中心董事长、大象科创集团董事长、大象文化科技创始人、大象技能科技董事长。全国十佳新锐诗人、全国十佳歌词家、中国诗歌学会会员、中国散文学会会员、广东省作家协会会员，出版了诗集《大象望月》、报告文学《手机风云》、财经小说《手机江湖》、原创歌曲《最好的未来》《我想和你一起》《安仁姑娘》《心愿》（第三届广东省职业技能大赛主题歌）《我要出彩》（宜宾职业技术学院校歌）等。

杨均

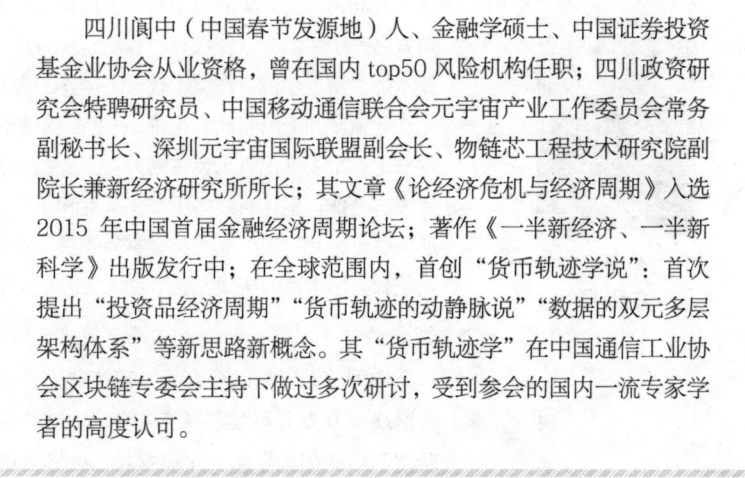

四川阆中（中国春节发源地）人、金融学硕士、中国证券投资基金业协会从业资格，曾在国内top50风险机构任职；四川政资研究会特聘研究员、中国移动通信联合会元宇宙产业工作委员会常务副秘书长、深圳元宇宙国际联盟副会长、物链芯工程技术研究院副院长兼新经济研究所所长；其文章《论经济危机与经济周期》入选2015年中国首届金融经济周期论坛；著作《一半新经济、一半新科学》出版发行中；在全球范围内，首创"货币轨迹学说"；首次提出"投资品经济周期""货币轨迹的动静脉说""数据的双元多层架构体系"等新思路新概念。其"货币轨迹学"在中国通信工业协会区块链专委会主持下做过多次研讨，受到参会的国内一流专家学者的高度认可。

朱嘉鹏

美国萨凡纳艺术与设计学院-交互设计与游戏开发专业硕士在读，北京信息科技大学计算机专业本科，央链全球青年学者、物链芯工程技术研究院终身院青、中国移动通信联合会元宇宙产业工作委员会副秘书长。2018年曾在电子世界期刊作为第一作者发表《基于视觉的公共场所人流计数统计实现》论文。曾使用Unity3D引擎制作基于Pico 3VR设备环境下的应用型游戏。

赵连振

河北国码溯源科技有限公司董事长、全球元宇宙春节系列活动创意团队负责人、全国区块链技术应用创新示范基地负责人、中国通信工业协会区块链专委会副秘书长，2017年起便深耕区块链领域，对溯源、确权、存储、结算、加密等行业进行了深入的探索与实践，特别是2023年12月22日在联合国把中国春节定为联合国节日之后，第一时间发起推动全球元宇宙春节系列活动，具有重要的历史意义与文化价值，为全球范围内的用户带来更加丰富、多元、沉浸式的春节体验。

赵静静

北京盈捷投资基金有限公司董事合伙人、香港家族办公室Twinkle UG创始人，MIT AI战略总裁班学员/KCL国际安全在读硕士、香港大学HKU ICB FMPM硕士、清华大学理论经济学硕士（肄业）北京交通大学法学学士。商业企业信息化应用实战专家，超十年企业ERP管理咨询、智能制造及工业4.0系统落地咨询应用工作经验，近十年基金投资工作经验，关注新材料新技术、硬科技、商业航天、智慧园区、智慧城市、智能基础设施、金融科技与Web3.0和元宇宙等领域。

方和亮

青岛大方文化集团董事长，青岛东方惠和艺术博物馆馆长，青岛东方名家美术培训学校校长，青岛现代青绿山水画院院长，国家一级美术师、博士学位，在美术教育、创作、考级、作品收藏、交流等文化产业领域创造出非凡的业绩。在青岛钢铁集团工作40年，曾任党委副书记、纪委书记、工会主席，对工业经济和企业管理很有研究，出版多本著作，退休后致力于文化产业和工业科技创新，担任中国移动通信联合会元宇宙产业委员会常务委员、物链芯工程技术研究院常务副院长，用丰富的实战经验结合区块链和元宇宙推进工业制造。

何 超

中国移动通信联合会元宇宙产业工作委员会、中国通信工业协会区块链专委会和数字经济分会、物链芯工程技术研究院、央链实验室等机构创始发起人和秘书长，央链全球品牌持有人，链改行动发起人，"双11元宇宙日"倡导者，浙江"链上诗路"主创者，合著《链改:区块链中国方案》《链改:区块链中国思维》、中信畅销书《元宇宙》《元宇宙十大技术》《元宇宙工程》等书，牵头主持多个课题和标准，拥有多项国家专利。

序　言

工业是一个国家综合实力的根本，是立国之本、强国之基，从根本上决定一个国家的综合实力和国际竞争力。工业元宇宙作为元宇宙的重要应用场景，主要目标是实现工业现实世界到虚拟世界的映射，并实现工业生产在虚拟世界中的新发展。

2023年9月，工信部等5部门联合印发《元宇宙产业创新发展三年行动计划（2023-2025年）》。该《计划》明确指出，培育三维交互的工业元宇宙，对抢抓机遇引导元宇宙产业高质量发展具有重要意义。工业元宇宙通过将现实世界的工业环境、研发设计、生产制造、营销销售、售后服务等环节和场景在虚拟空间实现全面部署，打通虚拟空间和现实空间，实现工业的改进和优化，形成全新的制造和服务体系。这种技术不仅有助于降低成本、提高生产效率，还能实现高效协同，促进工业高质量发展。

Web3.0数字经济时代，科技创新是发展新质生产力的核心要素，以科技创新推动产业创新，加强产业科技创新体系建设。工业元宇宙培育新质生产力新动能，成为推动制造业和工业领域进入全新境界的引擎之一，工业元宇宙的核心技术包括数字孪生、物联网、人工智能和机器学习、云计算和边缘计算等。这些技术的融合在现实世界和数字世界之间创建了一个强大的接口，实现了协同效应。

工业元宇宙是一项长期的系统工程，需要政府部门、工业企业、行业协会和学术界的共同参与，这不仅包括传统制造业，还涉及到整个供应链、物流和服务领域。其核心在于将物理世界中的工业实体数字化，通过信息和数据的传递，实现生产过程的智能化管理。元宇宙与工业的融合融通为我国工业的转型升级和提质增效提供了新的的动能和契机。

由中国移动通信联合会元宇宙产业工作委员会牵头，中国通信工业协会区块链专业委员会、中国移动通信联合会数字文化和智慧教育分会、物链芯工程技术研究院、央链实验室、央链直播等联合出品，电子工业出版社负责编审的新书《工业元宇宙 3.0》是对工业元宇宙领域的深入探讨和系统总结。这本书的出版，对于理解工业元宇宙的概念、发展演进、价值创造以及产业实践等方面具有重要的参考价值。期待该书的出版能为广大读者提供启发和参考，也希望越来越多的人关注、研究、推动工业元宇宙建设，共同强化技术创新，培育工业应用场景，探索面向工业领域的分布式数字身份和数字资产管理，加快工业元宇宙标准研制，鼓励有条件的地方先行先试，出台扶持政策，培育具有国际竞争力的工业元宇宙领军企业。

我国工业元宇宙发展历程，也是广大科技工作者和企业家艰苦奋斗、奋发图强的历程，强烈的责任感、使命感和创新精神，让我们抓住新一代信息技术发展的契机，实现中国制造强国梦想，通过本书向他们致敬。

感谢为《工业元宇宙 3.0》写作和编辑出版的所有人员的辛勤付出！

中国移动通信联合会元宇宙产业工作委员会共同主席

沈昌祥院士　郑纬民院士　倪健中会长

出 版 前 言

随着科技的飞速发展，我们正站在新工业革命的门槛上，目睹着工业与科技的深度融合，塑造着一个全新的工业元宇宙。在这个充满无限可能的时代，我们有幸见证并参与到这场变革中，而《工业元宇宙 3.0》正是在这样的背景下应运而生。

本书以深邃的视角和严谨的学术态度，全面剖析了工业元宇宙的内涵与外延，从历史脉络到未来趋势，从技术演进到应用实践，构建了一个立体的知识体系。我们不仅追溯了工业革命的足迹，更深入探讨了人工智能、物联网、大数据等前沿技术如何成为推动工业进步的新引擎，以及这些技术如何与工业深度融合，催生出全新的产业生态。

工业元宇宙的发展可以分为四个阶段：1.0 以虚构实，通过三维建模和实时渲染技术在虚拟空间中创建现实世界的映射；2.0 以虚映实，通过物联网技术，实现生产过程中的实时动态数据映射至虚拟世界；3.0 以虚仿实，利用仿真技术和大数据分析，构建高度逼真的虚拟环境，模拟复杂的工业场景；4.0 以虚控实，在虚拟空间中寻找解决方案后，将最优解部署回现实世界。我们目前正迈入工业元宇宙的 3.0 阶段，这也是本书名称的由来，因为这一阶段是整个工业元宇宙的核心。

在经济全球化和数字化转型的大潮中，工业与科技的关系愈发紧密，它们共同推动着社会生产力的飞跃，同时也带来了一系列挑战。本书特别强调了工业与可持续发展的紧密联系，提出了在工业发展中实现经济增长与环境保护双赢的策略和思路。

通过丰富的案例研究和深入的行业分析，本书不仅为工业与科技领域的专业人士、学者、学生提供了宝贵的知识资源，更为政策制定者、企业管理者以及对工业发展感兴趣的广大读者提供了思考和探索未来工业发展的重要视角。

在此，我们首先要对工信部、四川及成都、江苏及南京建邺、浙江及杭州良渚、山东及青岛、上海、北京、重庆、深圳等元宇宙相关部门的领导表示衷心的感谢，感谢他们对本项目的关注与支持。特别鸣谢著名权威数字经济专家、科技部原副部长吴忠泽先生，沈昌祥院士、郑纬民院士和中国移动通信联合会创始人、执行会长倪健中先生，中国通信工业协会王秉科会长的悉心指导。感谢四川省云制造创新中心董事长秦勇先生及总经理刘刚先生、华体科技董事长梁熹先生和中信版《元宇宙》著作人、中国移联元宇宙产业委执行主任委员于佳宁博士，《元宇宙十大技术》第一著作人、中国移联元宇宙产业委副主任委员兼联席秘书长叶毓睿先生等，他们的专业指导和宝贵意见对本书的完成起到了至关重要的作用。

同时，我们向以下专家学者及相关单位表示感谢：谭建荣院士、沈学础院士，汕头大学郝志峰，南京信息工程大学陈海山、潘志庚、庞章军、邹荣金、潘正祥，南京艺术学院盛缙、严宝平、王晨、曹祯庭，南京旅游学院沈征、马卫、葛益娟，南京航空航天大学板俊荣，苏州科技大学王陆平，南京审计学院马少辉、张晓东，南京理工大学紫金学院顾元兵、章敏，南京大学丁晓蔚，江苏互联网协会刘湘生、张东风，中国质量认证中心王锋，江苏省区块链发展协会邱永新，南京区块链产业应用协会于苏丰，东南大学周勤、何勇、李庆、朱淋滟、马海晶，江苏第二师范学院章力、郑楠，同济大学臧志彭，上海大学林志明，广州大学彭飞，湖南大学彭绍亮，南京工业大学黄锁明，上海宽带技术及应用工程研究中心范士波和央链直播、链上诗路、康华传媒、江苏链集元宇宙研究院、江苏知链科技有限公司、四川省知识产权发展研究中心、电子科大全球校友服务中心、财智光华、四川筑景文旅集团、创世猎鹰射击俱乐部、中唯信集团、西交川数院（四川）数字产业发展有限公司、天府新区改革创新研究院等。我们也要向为本研究提供协助和付出的同仁们，如郭浩、杨泉、李松平、马丽娅、柯斌、王斌、彭浩、龙波、刘波涛、陈琳、张宏、杨杰、张超、任勇、段琼、文江涛、杨健龙、刘永亮、郝雪梅、简奋、窦俊、陆易思、何飞、唐石、王琛、余海箭、张烽、郑雅元、彭飞、王柄晰、钟婕妤、邵尉、王金媛、梅晓斌、骆秀禹、张雯、王炳言、罗应龙、蒋红燕等，表达我们深深的谢意。他们的努力和智慧是本书能够顺利问世的重要基石。

此外，对于中国移联元宇宙产业委的付锐峰、胡小鸥、王静、易珩珩、武艳芳、张东华、晏蕾、齐雷、张涛、张立功、段三泉等专家，我们同样表示最诚挚的感谢。他们的无私奉献和专业贡献，为本书的深度和广度增添了不可或缺的价值。

最后，写作团队非常感谢张星智临危受命领衔执笔、何超牵头协调和电子工业出版社领导及刘志红编辑细致编审，特别是张一一、何源哲、黄紫萱等"元宇宙启蒙小星星"对科技的热爱、对工业元宇宙未知世界的探问与追逐，为写作团队提供了源源不断的动力源泉，感召大家坚持完成此书。当然，我们更不能忘记本书初稿撰写者 李正海 先生，后记追忆。

作　者

2024年9月

推荐语

元宇宙创造了数字时代的元数据，工业元宇宙创造了数字经济的元价值，是这本书的价值主张。张星智带领团队秉持对前沿技术极致的热爱、厚植行业实践，以全新的视角设问、思考，践行着"推动工业元宇宙技术赋能传统产业智能化改造数字化转型"的使命。相信他们的探索会进一步推动工业元宇宙技术的创新，他们的解决方案会进一步加速工业元宇宙技术的产业化。

——秦勇　北京航天紫光科技有限公司董事长
　　　　　工业云制造（四川）创新中心有限公司董事长

元宇宙的发展和应用将促进新技术、新模式的快速普及，对我国发展新质生产力，建设创新型国家和世界科技强国具有十分重要的意义。工业元宇宙是元宇宙的核心应用场景之一，《工业元宇宙3.0》一书全面解析了工业元宇宙的概念、技术、应用和发展路径。本书结合了最新的技术前沿和具体的应用案例，深入探讨了数字孪生、物联网、区块链、人工智能等技术在工业元宇宙中的集成应用，展示了工业元宇宙如何通过虚实融合、数据驱动和智能化管理，推动工业生产方式的变革，加速制造强国建设。

本书为读者展现了工业元宇宙的广阔前景和应用潜力，揭示对未来产业发展的无限可能，特别适合有志于探索和推进工业元宇宙建设的企业家、高层管理者、投资人及技术研发人员。无论是在推动工业数字化转型还是在元宇宙产业落地方面，本书都提供了宝贵的指导和参考。

——于佳宁　Uweb校长、中信版畅销书《元宇宙》著作人
　　　　　中国移动通信联合会元宇宙产业委执行主任委员
　　　　　香港区块链协会荣誉主席

元宇宙是空间计算技术及应用，是富有活力和巨大潜力的新质生产力之一。工业元宇宙是制造业升级和经济转型的抓手，必将成为创新发展、高质量发展和共同富裕的蓝海。

——朱幼平　著名区块链专家、中国通信工业协会区块链专委会轮值主席、
　　　　　国家信息中心中经网副主任、《链改--区块链中国思维》著作人

工业元宇宙是一个新的生态系统，以互联网为代表的技术、人工智能和数字孪生与实体经济深度融合，是一个新的制造和服务体系价值链。

——吴庆豹　中国通信工业协会区块链专委会常务副主任委员、中国移动通信联合会元宇宙产业委员会副主任委员、康华传媒集团董事长

这是一本揭示下一次工业革命的宝典。它不仅展望了元宇宙技术如何改变产业现状，更提供了实际的解决方案和策略，以应对数字化转型的挑战。书中涵盖了工业元宇宙的核心技术和应用场景，还提供了丰富的案例分析，帮助读者理解这一革命性概念如何为工业领域带来深远的影响。对于任何希望在未来保持竞争力的企业和企业家来说，这是一本必读之书。

——纪智辉　世优科技董事长

工业元宇宙是对现有工业4.0的颠覆，元宇宙，作为一种技术概念的组合，其社会价值势必会在工业领域绽放出异样的光彩。本书深刻的分析和前瞻性的思考使其成为探索实体工业与科技融合的精华之选，激发读者对未来工业发展的无限想象。

——李健　北京蓝耘科技股份有限公司董事长

随着工业数据的不断积累，工业模型与算法的持续迭代，整个工业体系都将在工业元宇宙的3D虚拟环境中大大拓宽创新的边界和空间。这本《工业元宇宙》不仅生动呈现了各种虚实融合的工业数字化应用场景，也结合工业企业的现实需求，提供了很多可持续的降本增效和产业融合的新思路。

——张磊　天下秀元宇宙首席架构师

数字孪生的核心技术会被工业元宇宙所继承。我们相信未来元宇宙产业以应用场景为核心驱动，以消费新生代为主，来构建体系和生态。

——叶毓睿　中国移联元宇宙产业委联席秘书长
物链芯工程技术研究院元宇宙研究所所长
中央党校元宇宙课程（3集）视频录制作者
《元宇宙十大技术》第一著作人

《工业元宇宙》以生动详实的笔触描绘了虚拟与现实深度整合的工业新纪元，揭示了元宇宙技术如何重塑生产流程、驱动创新及提升效率，为探索未来智能工业发展打开全新视野。

——程庆华　广州胜维科技有限公司

在数字经济时代，元宇宙的概念成为了最热门的话题之一。而其中的数字人也将成为数字经济发展的重要引擎，为各领域产业提供新的发展机遇和商业模式。

——纪智辉　世优（北京）科技有限公司 CEO

《工业元宇宙》是一本工业数字化转型的必读之作，为工业企业实现高效、智能、可持续发展提供了宝贵指导。

——徐明　BGSC 艺术社区 NFT 艺术家

元宇宙产业拥有广阔的市场前景和应用场景，将开辟数字经济的新领域。在办公、文娱、社交、艺术等领域，元宇宙将带来全新的业务模式和业态。

——王兴灿　北京云楼科技有限公司创始人/CEO

在有限的空间中，探索无限可能，与三载科技一同见证元宇宙的华丽进化与辉煌未来！

——徐剑锋　江苏三载科技有限公司董事长

工业元宇宙是相对独立的一个数字世界，所以数据安全是核心，并且作为一个数字空间，涉及到大量的工业用户数据和交互，因此数据安全和隐私保护至关重要。随着技术的不断发展和完善，需要持续关注并采取新的安全措施来应对不断变化的安全威胁。《工业元宇宙 3.0》的阐述和发展有着独到的简介和高瞻远瞩的探索，值得一看。

——郑杰　鼎盛无际数字经济技术研究院
执行院长

元宇宙为社会增加了更多的场景，也为数字生活增加了多样性。场景、商品、人都会由于元宇宙的发展而发生改变，我们也需要重新去理解人和场景的关系，人和数字商品的关系，人和人以及和数字人的关系。《工业元宇宙》这本书会帮我们更好的理解元宇宙的发展趋势，把握本质并抓住产业机会。

——佟世天　唯艺（杭州）数字技术有限责任公司
董事长&CEO

工业元宇宙重构了工业生态与服务，通过打通虚拟空间和现实空间，形成全新的制造和服务体系，将有力推动工业转型升级和高质量发展。

——宁夏区块链协会

元宇宙是现实世界与虚拟世界的混合世界，是各种新技术应用的融合空间！

——毛智邦　中国移联元宇宙产业委共同发起人、
常务委员，意图 AI 创始人

《工业元宇宙 3.0》是一本面向工业界应用的很有价值的一本参考书，工业智能制造、虚拟现实仿真和数字孪生是元宇宙最重要的应用领域，可以通过数字化应用显著提升生产力，也是企业进行节能减排实现碳中和的最重要途径，它对于将中国产能链接全球消费者是一条捷径，也是通过元宇宙可视化交互平台培养应用人才的最佳方式，通过人工智能技术的融合将可以实现中国在工业领域的二次超越，引领工业发展。

——邹荣金　南京信息工程大学人工智能产业学院　院长

工业元宇宙是一个复杂数字工业经济系统，其发展意义不仅在于其技术应用的广泛性和深远影响，还在于它代表了互联网发展到一定阶段后的大势所趋。

——王陆平　苏州科技大学　教授

《工业元宇宙》这本书，不仅深刻剖析了工业元宇宙的核心理念与技术架构，更以其前瞻性的视角，为我们描绘了一幅未来工业生态系统繁荣发展的壮丽画卷。特别值得一提的是，该书不仅关注技术层面的创新，更将视角拓展至市场战略、品牌建设、产品设计与智能制造等多个维度。每一部分都充满了远见卓识的思考与实用的策略，帮助读者在元宇宙时代把握先机，实现企业的转型升级与跨越式发展。无论是对于行业决策者、技术探索者，还是对工业数字化转型感兴趣的读者，该书都是一本不可多得的启迪之作。

——林志明　上海大学教授
　　　　　　　中国文化产业协会文化元宇宙专委会高级专家、副秘书长
　　　　　　　中国通信工业协会区块链专委会副秘书长

《工业元宇宙 3.0》以其深邃的洞察力和前瞻性的思考，为我们描绘了一个虚实结合、协同创新的工业未来。它不仅是一本理论探索之作，更是一本实践指导之书。我相信，通过阅读本书，读者将能够获得启发，激发思考，共同探索和构建工业元宇宙的宏伟蓝图。

——马少辉　南京审计大学大数据管理与应用系教授

工业制造业是未来三年元宇宙落地的重点方向。工信部提出了工业元宇宙的发展目标，江苏省更是把工业元宇宙列入 1650 重点产业。本书系统性介绍了工业元宇宙的技术、应用、商业模式，是一本及时的好教材。

——丁晓蔚　南京大学金融信息与情报学教授、博导、
　　　　　　　南京大学普惠三农数字金融研究中心主任
　　　　　　　毕业于斯坦福大学先进金融科技实验室
　　　　　　　亚洲区块链产业研究院学术专委会委员
　　　　　　　CCF 数字金融分会常委

CONTENTS 目　录

第1章　工业元宇宙概述 001
1.1　工业元宇宙的定义 003
1.2　工业元宇宙的特征 004
1.3　工业元宇宙的发展历程 006
　　1.3.1　数字化 007
　　1.3.2　网络化 008
　　1.3.3　智能化 008
　　1.3.4　工业元宇宙 009

第2章　工业元宇宙初探 011
2.1　虚实发展4个阶段 013
　　2.1.1　以虚构实 013
　　2.1.2　以虚映实 014
　　2.1.3　以虚仿实 016
　　2.1.4　以虚控实 018
2.2　技术瓶颈与解决策略 019
　　2.2.1　网络传输能力的限制 020
　　2.2.2　数据流量需求的挑战 021
　　2.2.3　VR/AR设备用户体验问题 023
　　2.2.4　三维内容制作的缺乏 024

第3章　工业元宇宙技术基础 027
3.1　建模与渲染 029
　　3.1.1　核心内容 029

3.1.2　技术特征 ……………………………………………………… 032
　3.2　交互技术 …………………………………………………………… 033
　　　3.2.1　核心内容 ……………………………………………………… 033
　　　3.2.2　技术特征 ……………………………………………………… 035
　　　3.2.3　应用前景 ……………………………………………………… 037
　3.3　人工智能技术 ……………………………………………………… 038
　　　3.3.1　核心内容 ……………………………………………………… 039
　　　3.3.2　技术特征 ……………………………………………………… 041
　　　3.3.3　应用前景 ……………………………………………………… 043
　3.4　虚拟人 ……………………………………………………………… 044
　　　3.4.1　核心内容 ……………………………………………………… 044
　　　3.4.2　技术特征 ……………………………………………………… 045
　　　3.4.3　应用前景 ……………………………………………………… 046
　3.5　物联网技术 ………………………………………………………… 047
　　　3.5.1　核心内容 ……………………………………………………… 047
　　　3.5.2　技术特征 ……………………………………………………… 048
　　　3.5.3　应用前景 ……………………………………………………… 050
　3.6　区块链技术 ………………………………………………………… 050
　　　3.6.1　核心内容 ……………………………………………………… 050
　　　3.6.2　技术特征 ……………………………………………………… 052
　　　3.6.3　应用前景 ……………………………………………………… 053

第4章　工业元宇宙基础设施 ………………………………………………… 055
　4.1　网络基础设施 ……………………………………………………… 057
　　　4.1.1　高速网络的发展与应用 ……………………………………… 057
　　　4.1.2　边缘计算技术的引入 ………………………………………… 057
　　　4.1.3　网络安全保障体系的建立 …………………………………… 058
　4.2　云平台 ……………………………………………………………… 059
　　　4.2.1　云计算资源的丰富性 ………………………………………… 059
　　　4.2.2　云服务管理的便捷性 ………………………………………… 059
　　　4.2.3　云原生应用的创新性 ………………………………………… 060

4.3 终端设备 060
    4.3.1 VR 设备的应用 061
    4.3.2 AR 设备的应用 061
    4.3.3 MR 设备的应用 062

第 5 章 工业元宇宙时代的市场战略 065

5.1 概述 067
5.2 新的市场平台 067
5.3 市场战略 068
    5.3.1 蓝湖战略 068
    5.3.2 新的市场类型 068
    5.3.3 案例分析 069
5.4 品牌建设 069
    5.4.1 虚拟品牌 070
    5.4.2 品牌公司的行动 071
    5.4.3 构建品牌 072
    5.4.4 品牌建设路径 072

第 6 章 工业元宇宙的营销新模式 075

6.1 概论 077
6.2 营销策划与开展 077
    6.2.1 平台、场景与内容 077
    6.2.2 虚拟人代言 079
    6.2.3 营销活动 081
6.3 销售流程与场景 085
    6.3.1 内容准备 085
    6.3.2 内容展示 086
    6.3.3 客户体验 086
    6.3.4 客户交互 087
    6.3.5 促进成交 088
6.4 销售能力的提升 088

第 7 章　工业元宇宙时代的产品创意与设计⋯⋯091

- 7.1　概论⋯⋯093
- 7.2　以客户为中心的产品设计⋯⋯093
- 7.3　数字化设计⋯⋯094
- 7.4　仿真分析⋯⋯095
- 7.5　自动化和智能化⋯⋯096
- 7.6　优化设计⋯⋯097
- 7.7　协同设计⋯⋯099
- 7.8　内部集成化设计⋯⋯100
- 7.9　综合集成创新⋯⋯101

第 8 章　工业元宇宙时代的超智能制造⋯⋯103

- 8.1　从智能制造到超智能制造⋯⋯105
- 8.2　质量管理场景⋯⋯107
- 8.3　设备保障场景⋯⋯108
- 8.4　大规模定制⋯⋯109

第 9 章　工业元宇宙的仓储与供应链优化⋯⋯111

- 9.1　概述⋯⋯113
- 9.2　库存管理场景⋯⋯113
- 9.3　供应链优化⋯⋯119
- 9.4　综合展望⋯⋯120

第 10 章　企业经营管理与战略决策⋯⋯123

- 10.1　概论⋯⋯125
- 10.2　组织管理⋯⋯125
- 10.3　生产计划管理⋯⋯126
- 10.4　监控与指导⋯⋯127
- 10.5　经营管理⋯⋯128
- 10.6　企业的战略决策⋯⋯129
- 10.7　企业战略决策展示场景⋯⋯130

目录

第11章 元宇宙时代的流程管理 ……………………… 133
- 11.1 概述 …………………………………………… 135
- 11.2 数据流 ………………………………………… 135
- 11.3 工作流管理 …………………………………… 138
- 11.4 项目管理 ……………………………………… 140
- 11.5 工作流案例 …………………………………… 141
- 11.6 元宇宙时代的信息流与工作流 ……………… 144

第12章 元宇宙的综合集成与平台建设 ……………… 145
- 12.1 概述 …………………………………………… 147
- 12.2 信息化集成 …………………………………… 147
- 12.3 VR/AR集成应用技术 ………………………… 147
- 12.4 人、虚拟人、机器人、机械设备的集成 …… 148
- 12.5 构建企业内部集成平台 ……………………… 149
- 12.6 主持及参与建设供应链平台 ………………… 149
- 12.7 积极参与建设行业平台与地区平台 ………… 150
- 12.8 积极建设工业元宇宙平台 …………………… 151

第13章 元宇宙思维 …………………………………… 153
- 13.1 宇宙思维 ……………………………………… 155
  - 13.1.1 跨越时间思维 ………………………… 155
  - 13.1.2 跨越空间思维 ………………………… 155
  - 13.1.3 黑洞思维 ……………………………… 156
- 13.2 数字化思维 …………………………………… 156
- 13.3 系统思维 ……………………………………… 157
- 13.4 世界级品牌思维 ……………………………… 157

第14章 元宇宙时代的财务管理与金融投资 ………… 159
- 14.1 概论 …………………………………………… 161
- 14.2 虚拟资产 ……………………………………… 161
- 14.3 数字资产 ……………………………………… 162
- 14.4 新质生产力推动新型工业化 ………………… 163

14.5 充分利用政府政策和外部资本 …… 164
   14.6 改进企业的财务管理工作 …… 165
   14.7 探索开展企业元宇宙投资 …… 167
   14.8 未来展望 …… 167

第 15 章 元宇宙时代的创新 …… 169
   15.1 创新的基本定义 …… 171
   15.2 元宇宙带来的创新机遇 …… 172
   15.3 新兴技术应用 …… 173
   15.4 从基层创新到战略创新 …… 174
   15.5 创新平台 …… 174

第 16 章 工业元宇宙的未来展望 …… 179
   16.1 概述 …… 181
   16.2 基础设施的能力提升 …… 182
   16.3 元宇宙产业的发展 …… 182
   16.4 城市和地区的发展 …… 183
   16.5 政府服务与治理 …… 184
   16.6 工业大众的展望 …… 186
   16.7 工业企业的展望 …… 186
   16.8 未来展望 …… 187

后记 与工业元宇宙的缘 …… 188

附录 …… 194
   应用实践——中国移动通信联合会元宇宙产业工作委员会第一届全体委员 …… 194
   2024 元宇宙"数据要素"全国大赛入围名单 …… 202

第1章

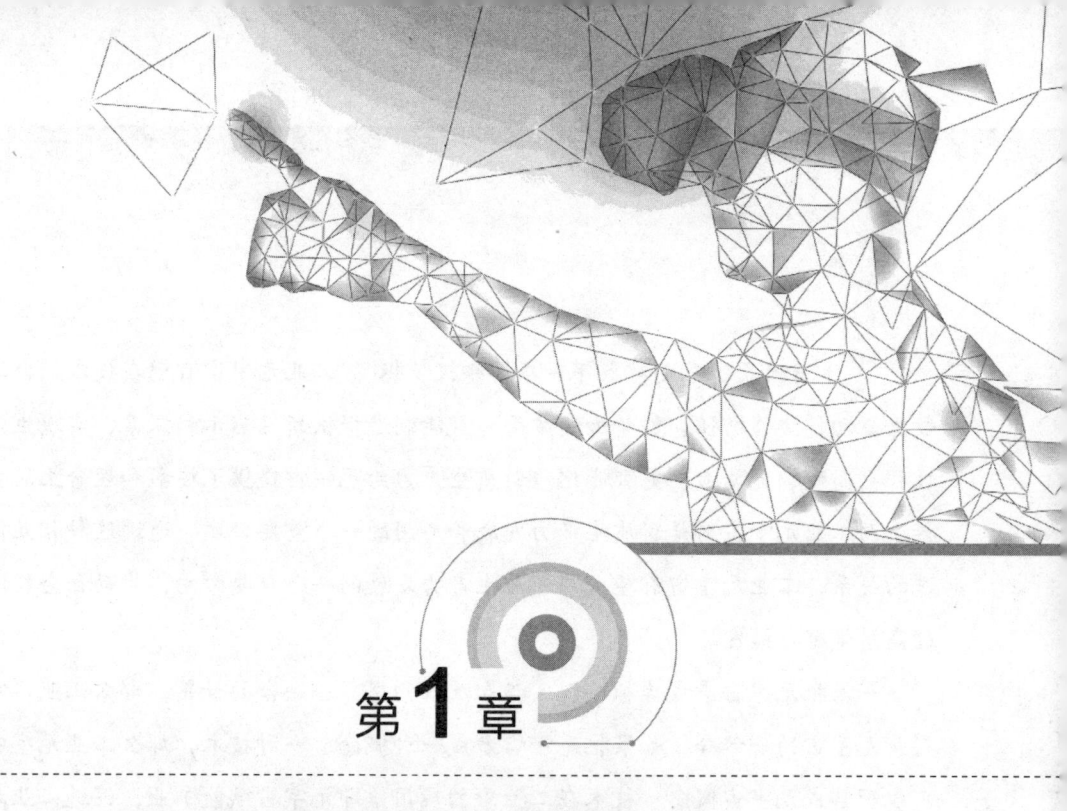

工业元宇宙概述

"元宇宙代表了人类对数字世界的终极梦想"。工业元宇宙有望在技术融合、数据驱动、协作增强、创新加速方面为智能制造提供新的启示和探索，实现生产过程更高效、更灵活、更智能化。新质生产力为元宇宙提供了技术和理念上的支持，而工业元宇宙则是新质生产力发展和应用的一个重要领域。通过这种相互促进的关系，工业元宇宙有望成为新质生产力发展的一个重要方向，推动社会经济的高质量可持续发展。

如果把元宇宙看成虚拟、现实与人及人的思想相结合的世界，那么工业元宇宙是元宇宙的一部分。如果把元宇宙看成一种概念、一种技术，那么工业元宇宙可以理解成元宇宙概念、技术在工业中的应用，即元宇宙赋能工业，促进工业改进、创新，乃至革命。工业元宇宙助力智能制造全面升级。智能制造基于新一代信息技术与先进制造技术深度融合，贯穿于设计、生产、管理、服务等制造活动的各个环节，是致力于推动制造业数字化、网络化、智能化转型升级的新型生产方式。工业元宇宙则更像是智能制造的未来形态，以推动虚拟空间和现实空间联动为主要手段，更强调在虚拟空间中映射、拓宽实体工业能够实现的操作，通过在虚拟空间的协同工作、模拟运行指导实体工业高效运转，赋能工业各环节、场景，使工业企业达到降低成本、提高生产效率的目的，促进企业内部和企业之间高效协同，助力工业高质量发展，实现智能制造的进一步升级。在经济社会中，工业是对自然资源的开采和对各种原材料进行加工及装配的物质生产部门，在经济体量上目前仍是产业结构中的第一组成部分。因此，探讨工业元宇宙，显然具有重要意义，也有向社会其他行业进行推广的价值。

1.1 工业元宇宙的定义

中国工程院李伯虎院士认为，工业元宇宙是指在新发展理念指引下，在新一代人工智能技术引领下，借助新时代各类新技术群跨界融合，实现工业领域中"人、虚拟空间与现实空间"虚实映射/交互/融合、以虚促实、以虚强实的工业全要素链、全产业链和全价值链三链智慧、协同、开放、服务、互联的复杂数字工业经济系统。

行业一般认为，工业元宇宙是元宇宙在工业领域的落地与拓展，是一个多维度、跨领域的复杂系统，它结合了先进的数字技术与传统工业，旨在通过虚实融合的方式，构建新型工业数字空间、新型工业智慧互联网系统，推动工业生产的创新和转型，更是数字经济与实体经济融合发展的新型载体。

本书认为，工业元宇宙是元宇宙技术在工业领域的深度应用，其是一个综合性概念，融合人工智能、大数据、物联网、数字孪生、3D引擎、区块链等前沿技术，将现实工业环境中的研发设计、生产制造、营销销售、售后服务等环节和场景在虚拟空间实现全面映射，通过数字技术实现物理世界与数字世界的无缝连接和交互，打通虚拟与现实之间的壁垒，构建起一个全新的制造和服务体系。其将促进工业企业、行业的生态发生革命性改变，改变人的思维模式，推动工业产品向丰富性、高质量、精细化、艺术性方向发展，进而创造巨大的经济价值与社会价值。

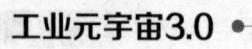

1.2 工业元宇宙的特征

工业元宇宙是一种数字化、虚拟化的工业生态系统,它通过连接物理设备、传感器、人员和系统,将实时数据收集、处理和分析与物理制造过程紧密结合。它的核心理念是将现实世界与虚拟世界无缝集成,使得在虚拟世界中对物理设备进行仿真、优化和控制成为可能。工业元宇宙在内容方面既包括现实,也就是自然的物理对象,也包括虚拟、数字化的内容,尤其是历史知识,更包括人的思想,尤其是创意。可以从以下7个维度探讨工业元宇宙的特征。

1. 虚实融合的工业空间

工业元宇宙的核心特征是虚实融合。通过高精度的三维建模和实时渲染技术,能够创建出与现实世界高度一致的虚拟工业空间。在这个虚拟空间中,用户能够执行与现实无异的操作,如设备操作、生产调度、质量检测等。这种虚实融合使得工业生产过程更具可视化和可操作性,提高了生产效率和管理精度。更重要的是,工业元宇宙能够接收现实世界的实时数据反馈,动态调整虚拟空间的参数,实现生产过程的精确模拟和优化。这种虚实融合不仅提升了操作的灵活性和安全性,还为复杂工业场景提供了低成本的试错环境,进一步增强了工业生产的灵活性和响应能力。

2. 全要素的数字化映射

工业元宇宙的另一个重要特征是对工业全要素的数字化映射。这包括对物理设备、生产线布局、工厂环境、供应链等物理要素的数字化,也包括对工人技能、管理流程、市场信息等非物理要素的数字化。通过这种映射,工业元宇宙能够全面记录和分析工业系统的运行状态，为优化决策提供数据支持。例如，对于生产设备的数字化模拟可以帮助企业实现设备状态的实时监测和预测性维护，从而减少故障停机时间，提高生产效率。而对于供应链的数字化映射，则可以帮助企业实现供应链的可追溯和实时监控，优化供应链管理，降低库存成本和运营风险。这种映射还促进了跨部门、跨地区的信息共享和协同工作，提高了整个工业系统的透明度和响应速度。

3. 智能化的生产决策

工业元宇宙集成了人工智能和机器学习算法，能够处理和分析海量的生产数据，从而实现智能化的生产决策。例如，通过预测性维护算法，工业元宇宙可以预测并防止设备故障，提前进行维修和保养，避免生产中断，减少停机时间。通过优化算法，对生产流程进行调整优化，提高生产效率和产品质量，以适应市场变化和个性化需求。智能化决策支持系统是工业元宇宙提升工业智能化水平的关键。还有助于降低生产成本，提升产品品质，增强企业竞争力。

4. 个性化的产品定制

在工业元宇宙中，用户可以根据自己的需求，定制个性化的产品。通过虚拟现实技术，用户不仅可以直观地看到产品的设计方案，甚至可以进入产品的内部结构，了解其工作原理和功能。这种沉浸式体验使得用户参与到产品设计过程中，需求信息将直接反馈给生产系统，驱动生产过程的个性化调整。不仅满足了消费者个性化需求，还有助于企业提高产品附加值和市场竞争力。

5. 协同化的创新平台

工业元宇宙为不同领域的工程师、设计师和专家提供了一个基于统一模型的协同创新平台。在这个平台上，参与者可以共享设计资源、进行实时交流和协作，共同解决复杂的工程问题。这种跨学科的合作模式极大地加快了新产品的研发进程，提高了设计的创新性和实用性。同时，工业元宇宙还能够支持远程协作，打破地理限制，汇聚全球的智慧和资源。这种协同化的创新平台有助

于促进工业技术的跨界融合和创新成果的共享，推动工业领域的持续发展。

6. 持续化的教育与培训

工业元宇宙提供了一个沉浸式的教育和培训环境，使学习者能够通过模拟实际操作来快速掌握工业知识和技能。同时，工业元宇宙还能够根据学习者的反馈，动态调整培训内容和难度，实现个性化的学习路径。此外，工业元宇宙还支持远程教学，使得优质的教育资源可以覆盖到更广泛的地区。持续化的教育与培训有助于培养工业领域的人才，满足行业发展的需求，促进工业技术的创新与进步。

7. 绿色化的可持续发展

工业元宇宙作为促进绿色制造和推动可持续发展的创新工具，正以其强大的数据驱动能力和模拟技术，为工业领域带来革命性的变化。它通过精确分析和模拟生产流程，优化资源配置，显著减少能源消耗和废弃物排放，从而提高生产过程的可持续性。此外，工业元宇宙支持循环经济的理念，通过虚拟拆解和回收，不仅延长了产品的使用寿命，也极大提升了资源的利用效率。随着技术的不断成熟和应用的持续拓展，工业元宇宙将成为实现工业绿色转型和可持续发展目标的关键技术平台，为全球工业的环保转型和绿色发展开辟新的道路。

1.3 工业元宇宙的发展历程

在 21 世纪的工业发展史上，我们见证了一场由技术革新引领的深刻变革。从数字化的初步探索，到网络化的互联互通，再到智能化的自动化升级，每一步都不仅仅是技术的迭代，更是工业生产方式和思维模式的全面革新。现在，随着工业元宇宙概念的兴起，我们正站在一个新的工业时代的门槛上。这一新兴领域，融合了虚拟现实、增强现实、数字孪生、人工智能、物联网等前沿技术，预示着工业生产将进入一个全新的虚拟与现实深度融合的阶段。在接下来的篇幅中，我们将深入探讨工业元宇宙的发展历程，从数字化、网络化、智能化，一直到工业元宇宙的形成，揭示这一演进过程背后的技术逻辑和产业趋势，以及它将如何塑造工业的未来。

1.3.1 数字化

数字化阶段是工业生产向数字化转型的重要起点，它代表了从传统手工操作向计算机辅助技术的革命性转变。在20世纪末，随着计算机技术的突飞猛进，工业界逐渐认识到数字化在生产过程中的关键作用。在这一时期，工业设计和制造开始广泛采用计算机辅助设计（CAD）和计算机辅助制造（CAM）系统，这些技术的应用极大地提升了设计的精确性与制造的效率，使得复杂产品的设计与精密制造变得可行。

数字化技术的引入，为传统的生产流程带来了数字化记录和处理的能力。通过部署各种传感器和数据采集设备，工厂能够对生产环境和设备状态进行实时监控和数据记录。这些数字化的数据提供了更为精确和全面的信息，使得工厂管理者能够更有效地掌握生产进度，及时做出必要的调整和决策。

在数字化实施的过程中，生产线上的每个环节都被纳入数据收集的范围，这包括但不限于机器的运行状态、产品的检验数据、能耗的统计信息等。这些数据被集中存储在数据库中，为后续的分析和深入挖掘提供了原材料。数字化的推进还催生了新的管理工具和管理方法，如统计过程控制（SPC）和故障预测与系统诊断（PHM），这些工具和方法极大地提高了企业的生产力和产品的质量。

尽管数字化转型为企业带来了显著的效益，但它的实施过程并非没有挑战。企业需要投入巨额资金用于软硬件的购置、升级以及员工的技术培训。此外，企业还必须解决数据安全、系统集成以及数据隐私等复杂问题。尽管存在这些挑战，数字化仍然是工业自动化、信息化和智能化发展的重要基石，为工业元宇宙的未来发展铺平了道路。

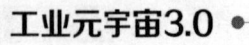

1.3.2 网络化

网络化是工业数字化基础上的进一步发展。随着互联网技术的普及，随着互联网技术的普及和工业网络技术的发展，工厂内部设备和系统之间开始建立起互联互通的网络，工业系统开始向网络化转型。企业资源计划（ERP）系统、制造执行系统（MES）和供应链管理（SCM）系统等集成系统的应用，使得生产设备、生产线、企业内部各个部门之间能够实现数据共享和信息交流，进一步提高了生产效率和管理水平。

网络化的关键在于建立了一个能够连接各个生产环节的通信网络，这个网络允许数据在设备和系统之间自由流动，极大地提高了工业生产的透明度和响应速度。通过工业以太网、无线网络等通信技术，工厂可以实现对生产设备的远程监控和远程控制。工程师可以通过互联网远程访问生产数据和设备状态，实现远程诊断和维护。

此外，网络化还促进了企业之间的合作和协同，形成了供应链和价值链的网络化生态系统。通过网络，企业可以与供应商、分销商以及客户紧密合作，实现资源的优化配置和流程的高效管理。

然而，随着越来越多的设备联网，如何保护这些设备不受网络攻击成为一个重要问题。此外，不同设备和系统之间的兼容性和互操作性也是网络化需要解决的问题。尽管如此，网络化为工业生产的智能化和工业元宇宙的发展提供了重要的技术基础。

1.3.3 智能化

智能化阶段是工业生产向数字化转型的第三个阶段。随着人工智能、机器学习、大数据、物联网等技术的快速发展和应用，工业生产开始呈现出智能化的趋势。生产设备开始具备自主感知、学习和决策的能力，生产过程变得更加智能化和灵活化。

智能化的核心在于使机器能够模拟人类的学习过程，通过分析历史数据来优化生产流程。人工智能技术，尤其是机器学习算法，被用于预测设备故障、优化生产调度和提高产品质量。大数据技术的应用使得工厂可以对海量的生产数据进行分析和挖掘，从而发现生产过程中的潜在问题和改进空间。

智能化还带来了生产方式的根本变化，例如，通过物联网技术，生产设备可以直接与原材料供应商、销售渠道甚至最终用户进行通信，实现更加灵活和个性化的生产。智能制造系统能够根据实时数据调整生产参数，实现生产过程的自适应和自优化。

然而，智能化的实施也面临挑战。首先，高级的智能算法和系统需要大量的数据进行训练，而这些数据的收集和处理需要高昂的成本。其次，智能系统的复杂性也给员工的培训和管理带来了挑战。此外，智能系统的决策过程往往难以解释，这可能会引起用户和监管机构的担忧。

1.3.4 工业元宇宙

工业元宇宙的诞生标志着工业生产向数字化转型的新高度。它不仅仅是数字化、网络化和智能化的延伸，更是一种全新的工业生产模式和生态系统。工业元宇宙通过将数字化技术、网络技术和智能技术结合起来，实现了生产过程的虚拟化、智能化和协同化。

在工业元宇宙中，现实世界的工业系统被映射到虚拟空间，实现了物理世界和数字世界的无缝连接。用户可以在虚拟环境中进行产品设计、生产模拟、设备操作和维护，甚至进行市场分析和客户体验。这种虚拟与现实的融合，极大地提高了设计的交互性和沉浸感，缩短了产品从设计到市场的时间。

工业元宇宙还推动了工业生产的民主化和个性化。通过提供易于使用的虚拟工具和平台，工业元宇宙使得更多的人能够参与到工业设计和制造中来。此外，工业元宇宙还支持按需生产和个性化定制，满足了消费者对个性化产品的需求。

其作为一个新兴概念，仍处于不断演进和发展的过程中。未来，随着人工

智能、大数据、物联网、区块链等技术的进一步发展和应用，工业元宇宙将呈现出更加丰富多彩的面貌。我们可以预见，工业元宇宙将会在智能制造、智慧物流、智能供应链等领域发挥越来越重要的作用，推动工业生产方式的转型升级。同时，工业元宇宙还将促进工业与互联网、人工智能、数字经济等领域的深度融合，为全球工业发展带来更多的创新和活力。

从数字化到网络化，再到智能化，最后发展为工业元宇宙，工业领域的发展历程是一个技术不断革新、应用不断深化的过程。每一次技术革新都极大地提高了工业生产的效率和质量，推动了工业领域的进步。工业元宇宙作为这一发展历程的顶点，代表了工业技术应用的最新成果，预示着工业未来发展的新方向。随着技术的不断进步和应用的持续拓展，工业元宇宙有望成为推动工业创新和转型的重要力量，为全球工业的可持续发展开辟新的道路。

第 2 章

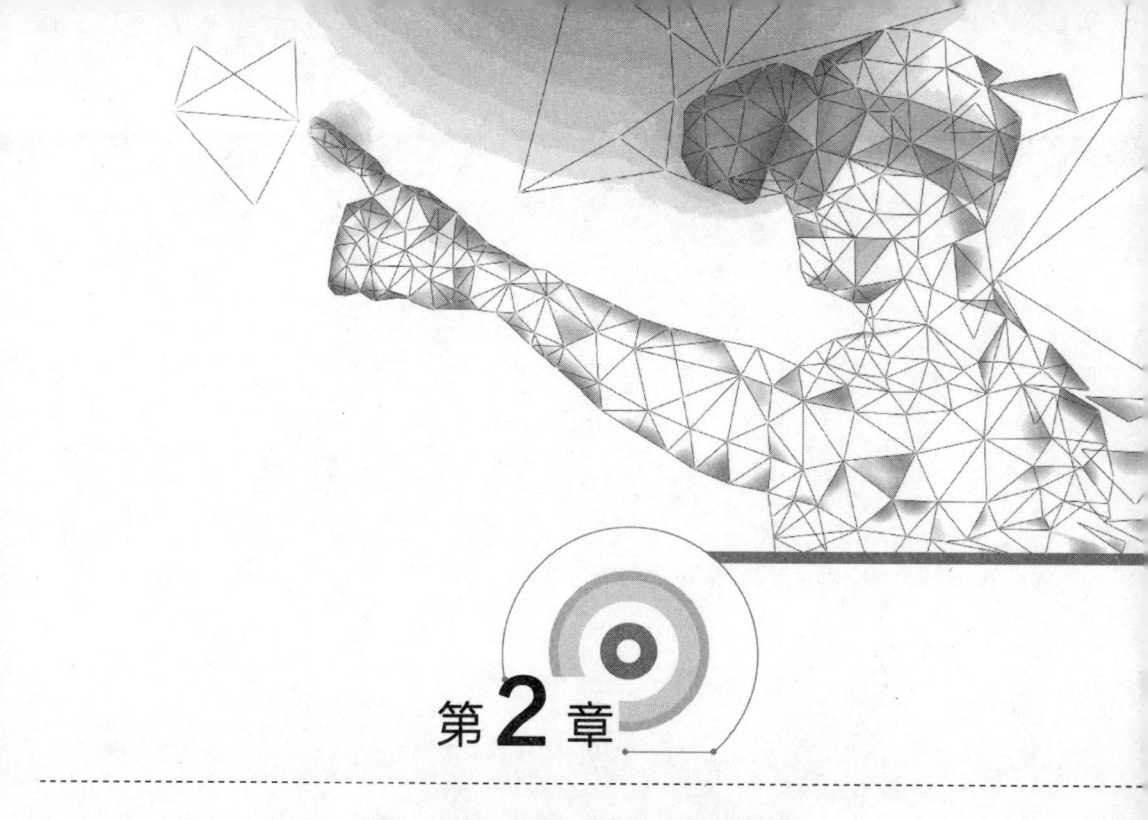

工业元宇宙初探

2.1 虚实发展4个阶段

新一代人工智能技术引领下，工业元宇宙加速实体工业与数字化世界相融合。通过连接和整合各种设备、传感器、数据和人员，有望实现工业生产全生命周期的数字化、智能化和协同化。在此过程中，工业元宇宙也将历经"以虚构实""以虚映实""以虚仿实""以虚控实"四个阶段，创造出工业全要素链、全产业链和全价值链三链智慧、协同、开放、服务、互联的复杂数字工业经济系统。

2.1.1 以虚构实

这一阶段可以看作是工业元宇宙的萌芽阶段，其中虚拟空间和现实空间开始建立联系。在这个阶段，通过三维建模和实时渲染技术，可以在虚拟空间中创建出现实世界的映射，实现物理设备的数字化表示。在这个阶段，虚拟空间中的模型可以用于展示和理解复杂装备的内部结构，帮助设计者和客户直观地了解产品的功能和外观，从而在设计和原型制作阶段减少物理原型的制作，大幅降低成本并提高效率。

"以虚构实"并非简单的概念叠加，而是技术深度融合的产物。三维建模技术，作为这一阶段的基石，以其精细的几何计算和纹理映射，将现实世界的物体和场景转化为虚拟空间中的数字化存在。这种转化并非简单的复制，而是对现实世界的一种深刻理解和再现。通过三维扫描设备，每一个物体的几何形状、表面纹理、甚至材质特性都被精准捕捉，转化为数字模型中的每一个细节。与此同时，实时渲染技术则为这些数字模型赋予了生命力。它不仅仅是将模型呈现在屏幕上，更是通过光影、色彩、动态等视觉元素的加入，让虚拟空间呈现

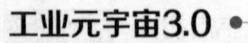

出与现实世界几乎无异的视觉效果。操作者仿佛置身于一个真实的工业环境中，可以全方位地观察、感知每一个物体的状态和变化。

阶段一：以虚构实 (Digital Twin Creation)

在工业元宇宙的第一阶段，核心任务是创建孪生体，即将物理设备和生产流程的每一个细节转化为准确的数字模型。这个过程不仅涉及到设备的外观建模，还包括内部机械工作原理、性能参数和材料属性的精确模拟。通过CAD图纸、BIM文件、扫描数据、3DMAX模型等，在建模及渲染软件中生成零部件、工业设施设备、产线、厂房等工业要素，也是目前国内绝大多数工业元宇宙项目所处的阶段 - 精确的可视化阶段。

实施路径：
1. 三维建模与扫描技术：使用高级三维建模软件和扫描技术来精确地复制设备的几何形状，并转换为建模软件、渲染软件等能够识别的格式。
* 基于AIGC的自动建模技术：通过文生模型的形式，快速搭建工业模型，赋予模型材质、贴图等物理信息，与真实模型保持一致。
2. 模型渲染：导出工业模型，进入数字孪生渲染引擎进行场景还原。
3. 模型优化：搭配光影、动画、特效，生成完整的、与物理世界一致的工业场景。
4. 模型同步：将工业场景中的所有内容同步至工业元宇宙平台及资源库中，形成工业元宇宙的基础底座。

在企业应用方面，西门子计划使用生成式 AI 将英伟达设计平台 Omniverse 支持的沉浸式可视化引至西门子开放式数字业务平台 Xcelerator。通过这种方式，开发者可以清晰看见零部件级的内部精细图像。这是工业元宇宙在第一阶段"以虚构实"所能创造的价值。宝马汽车生产管理委员会成员曾表示，"虚拟化和人工智能正在加速发展，通过将不同的规划系统合并为一个数字双胞胎，规划人员可以在世界任何地方进行实时协作。这意味着可以快速做出有根据的决策。"这展示了虚拟化技术在工业设计和原型制作中的应用。

2.1.2 以虚映实

工业元宇宙的可视化呈现不止于工业产品本身，可以扩展至生产线、生产间、甚至整个工厂或园区，带来更大的生产环境直观展示。随着物联感知系统介入，生产过程中的实时动态数据映射至"虚拟世界"中，工业元宇宙便进入第二阶段"以虚映实"。设备结构、运行参数的可视化，有效帮助使用者通过数据展示终端实时监管生产线情况，无需亲临现场便可看见机器运行状态、生产状态等详细信息。

> **阶段二：以虚映实 (Data Integration and Mapping)**
>
> 这一阶段中，将通过各种传感器实时采集物理世界中IoT设备、边缘设备、产线设备中获取的生产、运行等工业数据，如温度、压力、速度和功率等，并通过工业网关、工业元宇宙数据平台进行汇集、清洗、转换后实时反馈到工业元宇宙的虚拟环境中，以完全反映物理世界中的实时运行和变化。此时工业元宇宙世界中的对象不仅具备了精细的展示，更叠加了实时的、真实工业运行数据和状态
>
> **实施路径**
> 1. 统一标准：制定可以将现有制造资源统一汇聚、虚拟化的通用标准，规范数据格式
> 2. 实时数采：通过统一的工业元宇宙数据平台，收集IoT设备、边缘设备、产线设备中的数据。
> 3. 数据清洗：对收集数据进行清洗，将数据转换为工业元宇宙引擎可识别、可解析的格式。
> 4. 数据接入：将数据接入元宇宙场景，利用数据驱动技术，自动调用素材库中对应的动画、特效、视频、音频等，展现物理世界的运行状态。
> * 场景应用：结合人工智能等能力，此阶段已经可以实现设备预警、故障诊断、预测性维护等工业应用场景，并可以更加直观的进行标注、指导

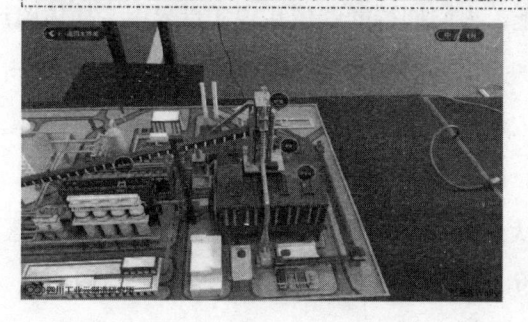

在这一阶段，工业元宇宙的发展迈出了重要的一步。通过物联网技术的引入，虚拟空间不再是单向的映射，而是开始实现与现实世界的实时数据交互。物联网技术使得现实世界中的各种设备能够连接到互联网，并将数据实时传输到虚拟空间中。在这一阶段，工业元宇宙通过物联网技术获取现实世界的数据，如温度、湿度、压力、流量等，以及设备运行状态、生产效率等工业参数，并将这些数据实时反馈到虚拟空间中。虚拟空间中的数字化模型会根据这些数据进行相应的变化，虚拟空间不再是一个静态的展示平台，而是一个能够实时反映现实世界变化的动态系统。当现实世界中的数据发生变化时，虚拟空间中的数字化模型也会相应地进行更新。这种更新是实时的、连续的，能够确保虚拟空间中的模拟结果始终与现实世界保持一致。一旦发现异常情况或潜在风险，企业可以立即采取措施进行干预和处理，从而避免潜在损失的发生。

东方电气自研的云边端一体化虚拟现实协同平台，在多个场合应用了自主研发的5G工业网关，实现了边缘侧的数据采集和数字孪生模型开发，实时运行模型并实时呈现数据。以其管理可视化系统为例，可将火电机组的远程诊断系

统与VR、AI等技术相结合，呈现机组的电场、锅炉、汽轮机、发电机等实时数据和状态，并叠加在相应设备的模型上，让信息更加直观可视化，提高获取数据的效率。这展示了"以虚映实"阶段的实际应用效果和技术实现。

2.1.3 以虚仿实

在通向工业元宇宙的道路上，人们期待能够像在现实世界中一样体验产品。作为工业明珠，工业仿真技术是实现这一愿望的有力途径。与文旅元宇宙追求炫酷、突出特色的风格不同，工业元宇宙要做的"以虚仿实"，既不是将模型简化，也并非独立建立部分系统，而是高精度、全系统地呈现。

在这一阶段，仿真技术和大数据分析成为了工业元宇宙中的关键要素。通过构建高度逼真的虚拟环境，仿真技术能够模拟出各种复杂的工业场景，如设备运行、产品制造、工艺流程等。这种模拟不仅可以精确复制现实世界的物理特性和行为规律，还能够通过调整参数和变量，进行各种假设实验。

阶段三：以虚仿实 (Simulation and Virtual Testing)

第三阶段将基于之前通过工业网关传输至工业元宇宙数据平台中的数据，在虚拟世界中构建可以模拟和仿真物理世界中的机理模型，虚拟世界根据物理世界中计划运行的规则同步响应、同步变化并仿真模拟全运行轨迹，利用实时数据和数字模型，在虚拟环境中进行高度精确的仿真和预测，可以实现无风险的情况下模拟和测试复杂的物理场景。

实施路径
1. 构建机理模型：基于工业元宇宙数据平台的历史数据及专家经验，结合3D建模技术，创建设备的详细机理模型，确保模型能准确反映设备的实际工作原理和性能。
2. 同步与仿真：将实时数据与孪生模型同步，使用仿真软件如ANSYS对设备的运行状态进行动态仿真，以预测性能和潜在故障。
3. 场景模拟与专家验证：在虚拟环境中模拟不同操作和故障场景，进行风险评估和性能测试。专家团队将基于其经验对仿真结果进行验证和调整。
4. 反馈循环与持续优化：根据仿真结果和专家的反馈，调整物理设备的运行策略及维护计划，并反馈效果从而进行仿真的持续调优

一方面，仿真技术的应用范围广泛，从产品设计的初期阶段到生产流程的优化，再到风险评估和管理，都离不开它的支持。在产品设计阶段，通过仿真技术可以模拟产品的性能、可靠性和耐久性，从而提前发现潜在的问题并进行

改进。在生产流程优化方面，仿真技术可以模拟整个生产线的运行情况，找出瓶颈并提出优化方案。在风险评估领域，仿真技术可以模拟各种可能的风险场景，帮助企业提前制定应对措施。高精度的仿真软件也扮演着至关重要的角色。这些软件能够模拟各种物理现象，包括力学、热力学、流体动力学等，甚至可以模拟更为复杂的系统行为，如电气系统和化学反应。通过这些仿真，工程师可以在虚拟环境中评估设计的性能，优化产品的结构和材料选择，预测产品在实际使用中的耐久性和可靠性。此外，还涉及到对生产流程的仿真。在这里，仿真技术可以帮助企业优化生产线布局，提高生产效率，减少浪费。通过对生产流程的详细模拟，企业可以识别瓶颈，优化资源分配，实现精益生产。

另一方面，大数据分析也是"以虚仿实"阶段不可或缺的一部分。通过收集和分析来自现实世界的大量数据，大数据分析能够为仿真模型提供准确、全面的输入信息。这些数据可能来自物联网设备、传感器、生产线监控系统等多个来源，涵盖了设备的运行状态、生产效率、产品质量等多个方面。在数据分析的基础上，企业可以构建出更加精准的仿真模型。这些模型能够更准确地反映现实世界的复杂性和多变性，提高预测的准确性。同时，大数据分析还可以帮助企业发现隐藏在数据中的规律和趋势，为企业的决策提供有力支持。

西门子能源公司已使用元宇宙等相关技术对发电厂进行建模、预测维护需求，并通过最大限度地减少停机时间，每年为运营商节省17亿美元。西门子成都工厂也部署了相关管理系统，在生产过程中实现预测性维护，并引入基于AI的自动化技术来识别和处理多达16种生产废弃物，使单位产品能耗降低24%，生产废物减少48%。这些应用案例展示了"以虚仿实"阶段的实际应用和技术优势。

空中客车公司通过其"以虚仿实"的应用案例，展示了工业元宇宙在高端制造业中的转型潜力。该公司运用先进的仿真技术，在虚拟环境中对飞机设计进行细致的空气动力学分析、结构测试和系统功能验证，无需实体原型即可迭代和优化飞机模型。此外，空中客车利用这些技术进行风险评估，通过模拟极端飞行情境来预测和缓解潜在的安全问题。在生产阶段，仿真帮助公司优化生产线布局，提高制造效率并减少浪费。

2.1.4 以虚控实

高精度还原的虚拟场景，映射着现实生产过程中的问题。当在元宇宙中寻找到合适的解决方案后，还需把最优解部署回现实世界。第四阶段"以虚控实"的核心理念正是，工业元宇宙只有返回到现实世界才有现实价值。该阶段是工业元宇宙发展的高级阶段，虚拟空间与现实世界的交互达到了控制层面。在这一阶段，虚拟空间不再是一个简单的模拟或映射，而是成为了一个可以实时操作、控制现实世界的平台。操作者通过 VR 或 AR 设备，可以身临其境地感受到虚拟空间中的场景，并通过手势、语音或其他方式与虚拟环境中的对象进行交互。这些交互操作会实时传输到现实世界的物理设备上，从而实现对设备的远程控制、自动化生产流程以及智能化管理。

阶段四：以虚控实 (Remote Control and Operation)

最终的阶段将会让用户在虚拟世界、元宇宙场景中与现实世界进行交互，用户沉浸在与工业现场完全一致的环境中，通过最为自然的人体姿势的交互，来控制远在千里之外的机械臂，同时虚拟世界中会集成仿真计算的预案，告知用户下一步操作的结果预估，然后通空间坐标系的映射将操作人员的操作轨迹映射到物理现场的机械臂来进行特定危险场景的操作等。

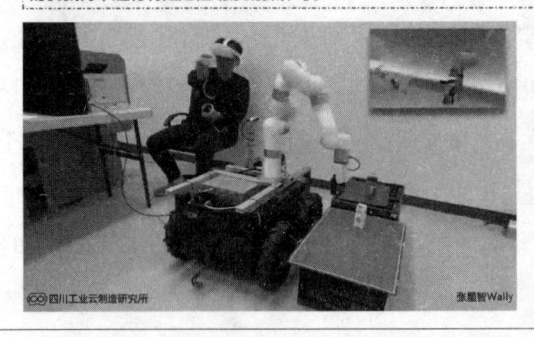

实施路径

建立高度逼真的虚拟环境：运用虚拟现实（VR）和增强现实（AR）技术，结合前述阶段的3D建模和现场扫描，以及工业站的数据采集，构建与实际工业现场一致的虚拟环境。

开发自然人体姿势交互系统：利用动作捕捉技术和姿势识别算法，实现用户通过自然的身体动作控制虚拟环境中的对象。

远程设备控制机制的构建：开发一个精确的坐标映射系统，确保用户在虚拟环境中的每一个动作都能准确地反映到远程设备上。

集成仿真预案与反馈系统：将先进的仿真软件与实时数据分析工具集成到虚拟环境中，确保用户操作时能收到关于其操作可能导致的结果的预测。

洛克希德·马丁公司在其 F-35 战斗机的生产中利用 VR 和 AR 头盔以及高级的手势识别系统，允许工程师在三维虚拟环境中设计和测试飞机部件。工程师们可以在虚拟空间中直接操纵数字模型，进行复杂的装配和功能测试，然后这些设计和测试结果被用于指导实际的物理生产过程。通过这种方式，洛克希德·马丁不仅提高了设计和生产的效率，还减少了错误和成本，同时加快了新产品的市场推出速度。此外，该公司还利用这些技术进行飞行员培训，通过模拟真实的飞行环境和紧急情况，以虚拟的方式训练飞行员，提高了培训的安全性和有效性。

成都恒创新星科技有限公司自研的"基于 XR 的遥操作系统"，搭载混合现实技术实现机械臂精细沉浸式远程操作，针对核设施处理、煤矿井下作业等高危环境作业和人形机器人精细化操作训练等场景展开应用。一方面，针对高危环境作业，该系统为作业人员提供 XR 远程操作设备，作业人员可通过佩戴 XR 设备，利用操作手柄和已构建的三维沉浸式虚拟空间，以第一视角反向控制现场机械臂，实现对危险作业环境下如核设施处理、煤矿井下作业、高压电检测、高温高热环境设备操作等的机械臂操作，使得人、危险源物理分离，保护人身安全。另一方面，针对当前人形机器人的动作训练，该系统结合 VR 与机器人技术，通过 VR 环境，人类可训练机械臂进行复杂动作，并快速收集高质量操作数据，助力机械臂自我优化，实现基于 VR 实现拟人化人形机器人学习训练。该系统适用于多种机器人，如人形机器人和多功能灵巧机器人，可应用于制造行业和为老年人服务等领域，极大提升了效率和便利性，为机器人应用带来新机遇。

2.2 技术瓶颈与解决策略

目前元宇宙在理论、技术、产品、基础设施方面都不太成熟。例如，VR 头盔佩戴时间超过 15 分钟，用户就会出现眩晕的情况。由于网络设施传输能力有限，元宇宙模式的数以百兆乃至 GB 级的三维数据目前还无法实现毫秒级传输，因此交互体验差，达不到沉浸感、真实感的要求。而最重要的是，目前三维数据的内容相对较少，花费数千元甚至数万元购置装备并不经济。下面将重点讨论工业元宇宙发展技术瓶颈及解决策略。

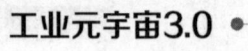

2.2.1 网络传输能力的限制

网络传输能力的限制是当前工业元宇宙发展面临的主要挑战之一。然而，随着 5G、6G 等新一代网络技术的发展，这些限制有望被逐步克服。通过不断的技术创新和优化，网络传输能力将不再是制约工业元宇宙发展的瓶颈，而是成为推动其快速发展的动力。

1. 现状分析

在工业元宇宙的构建中，网络传输能力是一个至关重要的环节。当前，网络基础设施在处理和传输大量三维数据时面临诸多挑战。首先，数据传输速度成为限制实时交互体验的主要瓶颈。尽管 4G 网络已经提供了相对较高的数据传输速度，但面对工业元宇宙所需的百兆甚至 GB 级别的数据传输，现有网络的速度仍然不足以满足毫秒级的实时交互需求。其次，网络延迟问题也是影响用户体验的关键因素。在工业元宇宙中，用户期望能够实现无感知的实时操作反馈。然而，由于信号传输过程中的延迟，用户的动作与虚拟环境中的响应之间存在时间差，这严重影响了沉浸感和真实感的体验。再者，带宽限制也是一个不容忽视的问题。随着工业元宇宙应用场景的不断拓展，用户数量的增加以及每个用户产生的数据量都在不断攀升，这对现有网络的带宽提出了更高的要求。带宽限制不仅影响了数据的传输速率，也限制了可以同时在线的用户数量，进而影响了工业元宇宙的普及和应用。

2. 影响评估

网络传输能力的限制对工业元宇宙的实时交互体验和沉浸感产生了显著影响。在工业设计、远程操作和虚拟培训等场景中，用户需要与虚拟环境中的对象进行实时交互。网络延迟和速度不足会导致操作响应不及时，从而降低用户体验，甚至影响到工业生产安全。

此外，带宽限制也限制了工业元宇宙内容的丰富性和多样性。高质量的三维模型和复杂的虚拟场景需要更高的带宽来支持，带宽不足会导致内容加载缓慢，用户体验下降。沉浸感是工业元宇宙的核心体验之一。用户期望能够在虚拟环境中获得与现实世界相似的感官体验。然而，网络传输的限制使得实时渲染和传输高质量的图像和声音变得困难，这直接影响了用户的沉浸感。

3. 技术发展

为了解决网络传输能力的限制，5G 和 6G 等新一代网络技术的发展显得尤为重要。5G 网络以其高速度、低延迟和大带宽的特点，为工业元宇宙的发展提供了新的可能性。5G 网络的高速度可以支持更快的数据传输，满足工业元宇宙对实时性和大数据量的需求。5G 的低延迟特性有助于减少用户操作和系统响应之间的时间差，提升交互体验。而 5G 的大带宽则可以支持更多的用户同时在线，提高工业元宇宙的并发处理能力。

6G 网络作为下一代移动通信技术，预计将在 5G 的基础上进一步突破速度、延迟和带宽的限制。6G 网络的研究和开发，将为工业元宇宙提供更加强大和灵活的网络支持，推动工业元宇宙向更高的技术层次发展。

除了移动通信技术，光纤通信、卫星网络等其他网络技术也在为提升网络传输能力做出贡献。光纤通信以其超高的传输速度和稳定性，为工业元宇宙提供了坚实的物理基础。而卫星网络则通过覆盖偏远地区和实现全球连接，为工业元宇宙的全球化应用提供了可能。

2.2.2 数据流量需求的挑战

数据流量的挑战是工业元宇宙发展过程中不可避免的问题。然而，通过采用云计算、边缘计算等先进技术，以及实施数据压缩、智能缓存等优化策略，可以有效地管理和优化数据流量，提高工业元宇宙的性能和用户体验。

1. 数据管理

在工业元宇宙的背景下，数据流量的管理成为了一个日益严峻的挑战。随着工业设备智能化和网络化的不断深入，大量的传感器、机器和系统每时每刻都在产生海量的数据。这些数据不仅包括设备的运行状态、生产效率、能耗情况等，还包括通过高清摄像头、VR/AR 设备等收集的三维空间数据。数据的体量之大，对现有的数据存储和处理系统提出了前所未有的要求。

首先，数据的存储问题尤为突出。传统的存储设备和数据中心在容量、速度和可靠性上可能难以满足海量数据的存储需求。此外，数据的安全性和隐私性也是存储过程中需要重点关注的问题。数据泄露或被非法访问，可能会给企业带来巨大的经济损失和法律风险。其次，数据处理能力也面临着考验。大量的数据需要被快速、准确地处理和分析，以便于及时发现生产中的问题、优化生产流程、提高生产效率。然而，现有的数据处理系统可能在处理速度、算法优化和智能化水平上还存在不足。

2. 云技术的角色

云计算和边缘计算在解决数据流量问题中扮演着至关重要的角色。云计算通过提供弹性的计算资源和存储空间，可以有效地应对数据流量的波动和增长。企业可以根据实际需求，灵活地调整云资源的使用，而无需担心硬件设备的扩展和维护问题。边缘计算则通过将数据处理和存储任务分散到网络边缘的设备上，减少了数据在网络中的传输距离和时间，从而降低了网络拥堵和延迟。这对于需要实时或近实时处理的工业应用尤为重要。边缘计算还可以提高数据的安全性，因为敏感数据不需要在网络中长距离传输，降低了泄露的风险。

3. 优化策略

为了减少数据流量的负担，可以采取多种优化策略。数据压缩技术可以有效地减少数据在传输过程中的大小，提高传输效率。通过采用不同的压缩算法，可以在保证数据质量的同时，显著降低数据的体积。

智能缓存是另一种有效的策略。通过对数据访问模式的学习和预测，智能缓存可以将频繁访问的数据保存在离用户更近的位置，减少数据的重复传输。这不仅可以提高数据访问的速度，还可以减轻网络和中心服务器的负担。此外，还可以通过优化数据收集和处理流程，减少不必要的数据生成和传输。例如，可以通过改进传感器的设计和算法，只收集最有用的数据；或者通过提高数据处理的智能化水平，减少对原始数据的依赖。

2.2.3　VR/AR 设备用户体验问题

1. 用户体验现状

当前，VR/AR 设备在为用户提供沉浸式体验的同时，也存在一些用户体验上的局限性。首先，在易用性方面，许多 VR/AR 设备仍然较为笨重，需要复杂的设置过程，这使得非专业用户难以快速上手。此外，设备的兼容性和用户界面的友好性也有待提高，以适应不同用户的技能水平和操作习惯。

舒适度是另一个关键问题。长时间佩戴 VR 头盔可能会导致用户感到不适，包括头部和面部的压力、眼睛的疲劳以及设备本身的重量。这些因素不仅影响了用户的体验，还限制了 VR/AR 设备在长时间任务中的应用。

成本效益也是用户考虑的重要因素。目前，高端 VR/AR 设备的价格通常较高，这使得许多潜在用户望而却步。同时，对于企业用户来说，除了设备本身的成本外，还需要考虑软件开发、系统集成和后期维护等额外费用。

2. 健康与安全问题

健康和安全问题是 VR/AR 设备使用过程中不容忽视的方面。长时间使用 VR 设备可能会引发一系列健康问题，如眩晕、眼睛疲劳、头痛和颈部不适。这些问题通常与设备的显示技术、刷新率、延迟以及用户的生理反应有关。

眩晕是最常见的问题之一，它往往是由于视觉和前庭系统之间的不一致所

引起的。当用户在虚拟环境中移动时,他们的视觉输入和身体的平衡感觉可能不同步,导致晕动症状。

眼睛疲劳也是一个普遍问题,尤其是在长时间聚焦于近距离的 VR 显示屏后。此外,VR 设备中的蓝光辐射也可能对用户的视力造成损害。

3. 技术改进方向

为了提升 VR/AR 设备的用户体验,业界正在探索多种技术改进路径。减轻设备重量是提升舒适度的关键。通过采用轻量化材料、优化设计和集成化组件,可以减少设备对用户头部和颈部的压力。

改善视觉显示是提升用户体验的另一个重要方向。通过提高屏幕分辨率、刷新率和视场角,可以减少视觉模糊、延迟和眩晕感,提供更清晰、流畅的视觉体验。此外,采用低蓝光技术可以减少对用户视力的损害。

增强交互体验是提升用户沉浸感的关键。通过改进传感器技术、手势识别和眼动追踪,可以使用户与虚拟环境的交互更加自然和直观。此外,通过集成触觉反馈、声音空间化等多感官技术,可以进一步提升用户的沉浸感。

2.2.4　三维内容制作的缺乏

1. 内容创作瓶颈

三维内容的创作是工业元宇宙发展的核心,但目前仍面临着成本、技术和创意上的多重限制。首先,三维内容的开发成本高昂,这主要体现在专业人才的培训、专业软件的授权费用以及高性能硬件设备的购置上。三维建模、动画和渲染等过程需要大量的时间和专业技能,这限制了内容的快速生产和迭代。

技术上,尽管三维图形技术已有显著进步,但渲染逼真的三维场景仍需强大的计算能力。此外,实时渲染技术尚未完全成熟,这影响了工业元宇宙中三维内容的实时交互和展示。

创意上,三维内容的创作需要艺术家和设计师的创新思维。然而,创意过程难以标准化和规模化，导致内容创作往往受限于个人或团队的创意能力。

2. 用户生成内容的潜力

用户生成内容（UGC）为解决三维内容缺乏的问题提供了新的可能性。通过提供易于使用的三维创作工具和平台，可以激发广大用户的创造力，从而丰富工业元宇宙的内容生态。UGC还能够促进用户参与和社区建设，用户不仅消费内容，也成为内容的创造者。

UGC还能够促进个性化和定制化的内容创作。用户根据自己的需求和创意，制作独特的三维模型和场景，这为工业元宇宙提供了多样化的内容来源。此外，UGC还能够加速创新，用户在创作过程中可能会开发出新的设计理念和技术方法，推动整个行业的发展。

3. 自动化工具与AI的应用

自动化工具和人工智能（AI）技术在加速三维内容创作中具有巨大潜力。自动化工具可以简化和标准化三维内容的创作流程，减少重复性工作，提高生产效率。例如，自动化建模工具可以根据预设的规则快速生成三维模型，自动化动画工具可以根据故事情节自动生成动画序列。

AI技术的应用则为三维内容创作带来了革命性的变化。AI算法可以根据简单的输入自动生成复杂的三维场景，包括地形、植被、建筑等。通过深度学习和神经网络技术，AI还能够学习艺术家的创作风格，生成具有个性化特征的三维内容。此外，AI还能够在三维内容的优化和渲染过程中发挥作用。通过智能优化算法，AI可以自动调整模型的拓扑结构和纹理映射，提高渲染效率和图像质量。AI还能够预测用户的行为和偏好，为用户提供个性化的内容推荐。

第3章

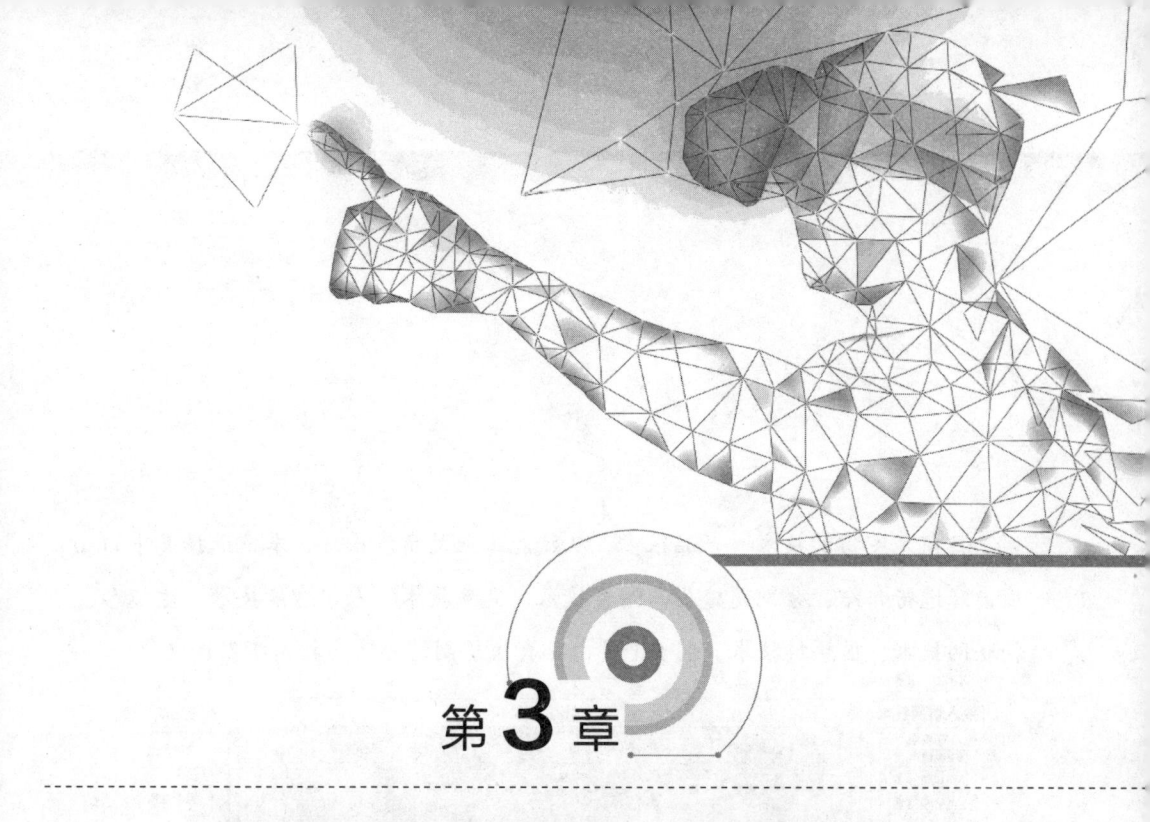

工业元宇宙技术基础

目前元宇宙的技术、产品很多，从赋能工业的角度出发，本章选择其中的 6 项内容进行介绍，分别是建模与渲染技术、交互技术、人工智能技术、虚拟人、物联网技术、区块链技术。图 5-1 是由孙喜庆绘制的元宇宙技术框架图。

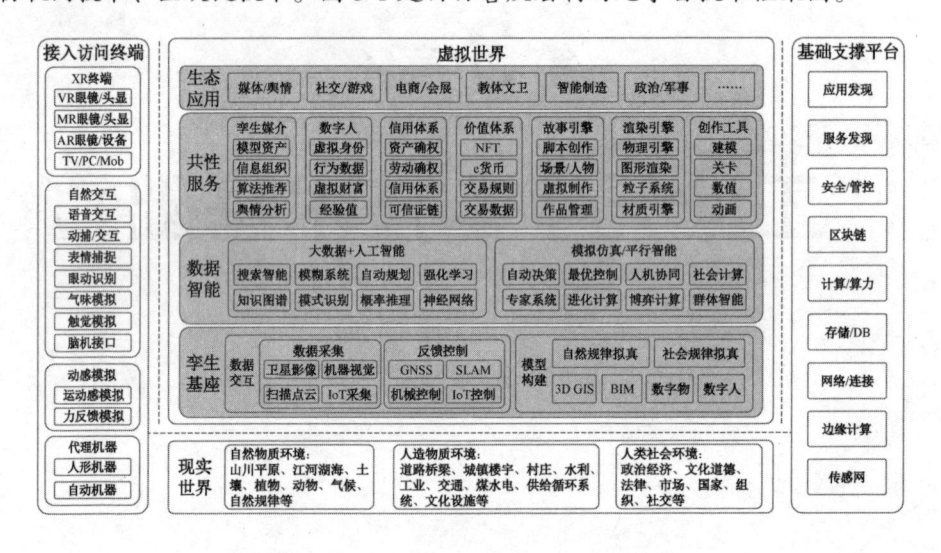

图 5-1 元宇宙技术框架图（孙喜庆绘制）

3.1 建模与渲染

建模与渲染技术是计算机图形学中的两大核心领域，广泛应用于影视、游戏、工业设计、建筑设计、虚拟现实等多个行业。在工业元宇宙中，建模与渲染技术发挥着至关重要的作用，它们不仅为虚拟世界提供了逼真的视觉体验，还为实现复杂场景的交互和仿真提供了技术基础。本文将详细介绍建模与渲染技术的核心技术及技术特征。

3.1.1 核心内容

1. 几何建模技术

几何建模技术是建模技术的基础，它关注于物体的形状、大小、位置等核心几何属性。该技术涵盖了多边形建模、曲面建模、细分曲面建模等多种方法。多边形建模以其直观和易于操作的特点，成为最常用的建模方式。它通过定义物体的顶点、边和面，来构建出精确的几何形状。曲面建模则更加侧重于物体的平滑性和细节表现，它利用数学函数来描述物体的表面形状，特别适用于构建复杂的曲面物体。而细分曲面建模则结合了多边形建模和曲面建模的优点，可以在保持物体细节的同时，实现平滑的过渡效果。这种技术的运用，使得工业元宇宙中的物体模型更加真实、细致。

2. 材质与贴图技术

材质与贴图技术用于定义物体的表面属性和外观。材质技术通过定义物体的颜色、光泽度、反射率等属性，使得物体在视觉上呈现出不同的材质特性。而贴图技术则更进一步，通过将二维图像映射到三维物体的表面，为物体增加了丰富的纹理和细节。这种纹理映射技术的核心在于将图像与物体的几何结构

进行精确的对齐和匹配，从而模拟出物体的真实外观。此外，还有各种高级的材质技术，如环境贴图、反射贴图、置换贴图等，它们能够为物体添加更加复杂和逼真的效果，使工业元宇宙中的场景更加生动和真实。

3. 骨骼绑定与蒙皮技术

骨骼绑定与蒙皮技术是实现动画效果的关键。这些技术主要应用于需要动态效果的物体，如角色、动物等。骨骼绑定技术通过将物体的几何形状与一组骨骼结构相关联，实现了对物体变形的精确控制。通过调整骨骼的位置、角度和长度等属性，可以驱动物体的整体或局部发生形变，从而模拟出各种生动的动作和表情。蒙皮技术则进一步将物体的表面与骨骼结构进行绑定，使得物体在骨骼运动时能够保持正确的形状和外观。这种技术的运用，使得工业元宇宙中的角色和动物等物体能够呈现出更加自然和流畅的动作和表情，增强了用户的沉浸感和交互体验。

4. 光照与阴影技术

光照与阴影技术是工业元宇宙中渲染技术的核心之一，它们共同为场景增添了真实感和立体感。光照技术模拟了真实世界中的光源对物体的影响，包括直接光照、间接光照、环境光照等。通过计算光源对物体表面的光照强度和方向，可以生成逼真的光影效果，使得物体在视觉上呈现出更加丰富的层次和质感。阴影技术则进一步模拟了物体在光照下产生的阴影，增加了场景的深度和真实感。通过计算物体之间的遮挡关系，可以生成准确的阴影效果，使得物体之间的位置关系和空间关系更加明确和清晰。这种技术的运用，使得工业元宇宙中的场景更加真实、立体，为用户提供了更加逼真的视觉体验。

5. 全局光照技术

全局光照技术是工业元宇宙中一种高级的光照处理技术，它考虑了场景中所有物体之间的光照相互作用。这种技术不仅考虑了直接光照对物体的影响，还考虑了间接光照、漫反射等复杂的光照现象。通过计算场景中所有物体之间的光照贡献，可以生成更加真实的光照效果。全局光照技术包括光线追踪、辐射度方法等。光线追踪技术通过模拟光线的传播路径和相互作用过程，可以生成高质量的光影效果；而辐射度方法则通过计算物体表面的辐射能量交换过程，实现了对场景光照的全局优化。这种技术的运用，使得工业元宇宙中的光照效果更加真实、自然，为用户提供了更加沉浸式的体验。

6. 纹理映射与贴图技术

纹理映射与贴图技术是增强物体表面细节和真实感的重要手段。它们通过将二维图像映射到三维物体的表面上，为物体添加了丰富的纹理和细节。这种技术的核心在于将图像与物体的几何结构进行精确的对齐和匹配，从而模拟出物体的真实外观。通过应用不同的纹理和贴图，可以模拟出各种材质和表面的效果，如金属、玻璃、木材等。这些纹理和贴图不仅可以增加物体的细节和真实感，还可以为物体添加更多的语义信息，如颜色、光泽度、反射率等。这种技术的运用，使得工业元宇宙中的物体表面更加丰富多彩，为用户提供了更加逼真的视觉体验。

7. 实时渲染技术

实时渲染技术是指在有限的时间内完成高质量的渲染效果。在工业元宇宙中，用户需要实时地与场景中的物体进行交互，并观察到流畅的动画和动态效果。因此，实时渲染技术对于实现流畅的交互和动态效果至关重要。为了实现实时渲染，需要采用各种优化算法和加速技术。例如，LOD（Level of Detail）技术可以根据物体与观察者的距离和角度，动态地调整物体的渲染细节，从而减少计算量并提高渲染速度。视锥体裁剪则可以根据观察者的视野范围，裁剪掉不可见的物体和区域，从而减少不必要的计算。延迟渲染则可以将渲染过程拆分为多个阶段。

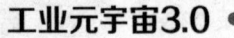

3.1.2 技术特征

1. 逼真性

建模与渲染技术在工业元宇宙中的首要特征便是其强大的逼真性。这一特征源于对现实世界的精确模拟与再现。通过高精度的几何建模技术，可以创建出与真实物体几乎无异的虚拟模型，无论是复杂的工业设备还是细腻的自然景观，都能以极高的精度呈现。同时，材质与贴图技术的应用，赋予了虚拟物体真实的质感和纹理，使得用户仿佛置身于真实的环境中。此外，光照与阴影技术以及全局光照技术的引入，更是为场景增添了丰富的光影变化和真实的光照效果，进一步提升了虚拟世界的逼真程度。这种逼真的体验不仅让用户感受到更加真实的交互，也为工业元宇宙中的设计、仿真和培训等应用提供了更加真实的数据支持。

2. 高效性

在工业元宇宙中，建模与渲染技术的高效性显得尤为重要。由于用户需要实时与虚拟世界进行交互，因此渲染速度必须达到足够快的水平，以确保流畅的用户体验。为了实现高效性，建模与渲染技术采用了多种优化算法和加速技术。例如，LOD（Level of Detail）技术可以根据用户与物体的距离和观察角度，动态调整物体的渲染细节，从而在保证渲染质量的同时减少计算量。视锥体裁剪技术则可以根据用户的视野范围，只渲染用户能够看到的部分，进一步减少不必要的计算。这些技术的应用使得建模与渲染过程更加高效，满足了工业元宇宙对实时性的要求。

3. 灵活性

建模与渲染技术还需要具备高度的灵活性，以适应不同的应用场景和需求。在工业元宇宙中，用户可能需要根据自己的需求进行定制化的设计和渲染。因此，建模与渲染技术提供了丰富的建模工具和渲染选项，允许用户根据自己的需求调整模型的形状、材质、光照等参数。同时，这些技术还支持多种格式的导入和导出，方便用户与其他软件进行集成和协作。这种灵活性使得建模与渲染技术能够适应各种不同的应用场景，为工业元宇宙的发展提供了强大的支持。

4．可扩展性

随着技术的不断发展，建模与渲染技术也需要不断扩展和更新，以适应新的需求和挑战。因此，可扩展性是建模与渲染技术的重要特征之一。为了实现可扩展性，建模与渲染技术采用了模块化设计和开放的标准接口。这使得新的功能和技术可以方便地集成到现有的系统中，而不需要对整个系统进行大规模的修改。同时，开放的标准接口也使得不同的软件之间可以进行无缝的集成和协作，为用户提供了更加便捷和高效的工作流程。这种可扩展性使得建模与渲染技术能够持续地发展和创新，为工业元宇宙的发展注入新的动力。

3.2 交互技术

交互技术是实现用户与虚拟世界之间自然、高效交互的关键。随着计算机图形学、人工智能、物联网等技术的不断发展，交互技术也在不断创新和进步。本节将详细介绍交互技术的核心技术、技术特征以及其在工业元宇宙中的应用。

3.2.1 核心内容

1．虚拟现实（VR）交互技术

虚拟现实（VR）交互技术以其沉浸式的体验，使用户仿佛置身于一个全新的虚拟世界中。这种技术的核心在于佩戴 VR 头盔、手套等专用设备，通过头部追踪和手部追踪等先进技术，实时捕捉用户的头部和手部动作。这些动作数据随后被转化为虚拟环境中的控制指令，使用户能够自然地与虚拟物体进行交互。

VR交互技术的魅力在于其高度逼真的沉浸感。当用户佩戴VR头盔时，他们的视野被完全包裹在虚拟环境中，仿佛真的进入了一个另一个世界。同时，通过手部追踪技术，用户可以像在现实生活中一样，用自己的双手去触摸、抓取和操作虚拟物体。这种自然的交互方式让用户感到更加直观和真实，极大地提升了用户的体验。

除了游戏和娱乐领域，VR交互技术也在教育、医疗、工业等领域展现出巨大的应用潜力。例如，在医学教育中，学生可以通过VR技术模拟真实的手术过程，提高操作技能；在工业设计中，工程师可以使用VR技术进行产品原型设计，提高设计效率。

2. 增强现实（AR）交互技术

增强现实（AR）交互技术则是一种将虚拟物体与真实环境相融合的技术。它通过图像识别、空间定位等核心技术，将虚拟信息实时叠加到真实环境中，让用户能够在真实世界中看到并操作虚拟物体。

AR技术的独特之处在于它能够将虚拟世界和现实世界无缝融合。通过智能手机或AR眼镜等设备，用户可以实时看到虚拟物体与真实环境的叠加效果。这种叠加不仅限于静态图像或文字，还可以是三维模型、动画等更加丰富的信息。这使得用户能够更加方便地获取和操作虚拟信息，提高工作和学习的效率。

AR技术在旅游、教育、营销等领域有着广泛的应用。例如，在旅游领域，用户可以通过AR技术看到景点的虚拟导览图或历史文化信息；在教育领域，教师可以通过AR技术创建更加生动有趣的教学场景；在营销领域，品牌可以通过AR技术打造独特的互动体验，吸引用户的关注。

3. 混合现实（MR）技术

混合现实（MR）技术是一种融合了虚拟现实（VR）和增强现实（AR）的技术，旨在创建一个更加真实、沉浸的混合环境。MR技术不仅将虚拟物体融入真实环境中，还允许用户与这些虚拟物体进行自然的交互。

MR 技术的关键在于其强大的虚实融合能力。通过先进的图像识别、空间定位等技术，MR 技术能够实时捕捉真实环境中的信息，并将其与虚拟信息进行精确融合。这使得用户能够在真实环境中看到并操作虚拟物体，同时保持对真实环境的感知和交互。

MR 技术在多个领域具有巨大的应用潜力。在教育领域，MR 技术可以创建虚拟实验室和模拟场景，为学生提供更加真实的学习体验；在医疗领域，MR 技术可以帮助医生进行远程手术指导和训练；在娱乐领域，MR 技术可以为用户带来更加沉浸式的游戏体验。此外，MR 技术还在建筑、设计、军事等领域展现出广泛的应用前景。

4. 自然用户界面（NUI）技术

自然用户界面（NUI）技术是一种让用户能够以更自然、直观的方式与计算机进行交互的技术。它摆脱了传统的键盘、鼠标等输入设备，而是通过手势、语音、眼动等自然方式与计算机进行交互。

NUI 技术的核心在于其强大的识别和理解能力。通过手势识别技术，计算机能够识别用户的各种手势动作，并将其转化为控制指令；通过语音识别技术，计算机能够识别用户的语音指令，并执行相应的操作；通过眼动追踪技术，计算机能够跟踪用户的眼球运动，了解用户的注意力分布和意图。

NUI 技术的应用范围非常广泛。在游戏领域，玩家可以通过手势和语音来操作游戏角色；在智能家居领域，用户可以通过语音指令来控制家电设备；在辅助驾驶领域，驾驶员可以通过手势来操作车载系统。NUI 技术不仅提高了用户的交互体验，还为用户带来了更加便捷的操作方式。

3.2.2 技术特征

1. 自然性

交互技术的首要特征是自然性。这一特征使得用户能够以自然、直观的方

式与虚拟环境进行交互，无需经过复杂的学习过程即可上手。通过采用虚拟现实（VR）、增强现实（AR）和自然用户界面（NUI）等技术手段，用户可以通过手势、语音、眼动等自然方式与计算机进行交互，实现更加直观、便捷的操作。这种自然性的交互方式不仅提高了用户体验，还提高了工作效率，使用户能够更加专注于任务本身。

2. 实时性

交互技术需要实时响应用户的操作和输入，确保用户能够及时获得反馈和响应。实时性是交互技术的重要特征之一，它决定了交互体验的流畅性和连贯性。通过采用高性能的计算机硬件和算法优化技术，交互技术可以实现毫秒级的响应速度，确保用户在进行操作时能够感受到无缝的交互体验。这种实时性的交互方式不仅提高了用户的满意度，还使得交互过程更加高效、可靠。

3. 精确性

交互技术需要准确捕捉用户的动作和声音，并准确识别用户的意图和需求。精确性是交互技术的关键特征之一，它决定了交互体验的准确性和可靠性。通过采用高精度的传感器、摄像头和识别算法，交互技术可以实现对用户动作和声音的精确捕捉和识别，从而为用户提供准确、可靠的交互体验。这种精确性的交互方式不仅提高了用户的工作效率，还使得交互过程更加精准、可靠。

4. 多样性

交互技术支持多种交互方式和手段，如手势、语音、眼动等，提供更加丰富、多样的交互体验。多样性是交互技术的另一重要特征，它使得用户可以根据自己的喜好和习惯选择合适的交互方式，提高交互的灵活性和个性化。同时，多样性还使得交互技术能够适应不同的应用场景和需求，为用户提供更加全面、丰富的交互体验。

5. 适应性

交互技术需要适应不同的应用场景和需求。适应性是交互技术的重要特征之一，它使得交互技术能够灵活地应对各种复杂环境和挑战。通过采用模块化设计和开放的标准接口，交互技术可以方便地集成新的交互方式和功能，满足不同用户的需求。同时，适应性还使得交互技术能够不断发展和创新，为未来的应用提供更好的支持。

3.2.3 应用前景

1. 虚拟设计与仿真

在工业元宇宙中，交互技术被广泛应用于虚拟设计与仿真领域。通过虚拟现实（VR）和增强现实（AR）技术，设计师可以沉浸在虚拟环境中进行产品设计、工艺流程仿真等工作。这种虚拟化的设计方式使得设计师能够更加直观地了解产品的结构和性能，提高设计效率和质量。同时，交互技术还可以提供实时的反馈和修正功能，帮助设计师及时发现和解决问题，避免在实际生产中出现错误和浪费。

2. 虚拟培训与演示

交互技术在虚拟培训和演示领域也发挥着重要作用。通过虚拟现实（VR）技术，员工可以在虚拟环境中接受培训和演练，模拟真实的工作场景和操作过程。这种虚拟化的培训方式使得员工能够更加深入地了解工作流程和操作规范，提高操作技能和应急处理能力。同时，交互技术还可以提供丰富的演示功能，如手势识别、语音识别等，使演示更加生动、直观。这种交互式的演示方式不仅可以吸引观众的注意力，还可以加深观众对产品的理解和认识。

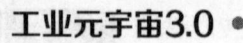

3. 远程协作与沟通

在工业元宇宙中，交互技术可以实现远程协作与沟通。通过虚拟现实（VR）技术，不同地域的团队成员可以共同进入虚拟环境进行协作和交流。这种虚拟化的协作方式使得团队成员能够实时共享信息、讨论问题并共同完成任务，提高沟通效率和协作质量。同时，交互技术还可以提供实时反馈和共享功能，确保团队成员之间的信息畅通和同步。这种远程协作与沟通的方式不仅可以节省时间和成本，还可以提高团队的凝聚力和竞争力。

4. 智能制造与监控

交互技术在智能制造和监控领域也具有广泛应用。通过增强现实（AR）技术，操作人员可以实时查看设备状态和生产数据，并进行远程操作和控制。这种智能化的监控方式使得操作人员能够及时了解设备的运行情况和生产进度，提高生产效率和安全性。同时，交互技术还可以提供智能分析和预测功能，帮助企业实现精细化管理和优化生产流程。这种智能化的管理方式不仅可以降低生产成本和提高产品质量，还可以提高企业的竞争力和市场地位。

3.3 人工智能技术

人工智能是目前国家、企业、学界关注的热点领域，是研究与开发用于模拟、延伸和扩展人的智能的理论、方法、技术及应用系统的一门新的技术科学。2017年7月，国务院发布《新一代人工智能发展规划》，提出要培育高端高效的智能经济，促进人工智能与各产业领域深度融合，形成数据驱动、人机协同、跨界融合、共创分享的智能经济形态。人工智能在工业系统中已经得到了广泛应用，并且仍在不断发展。工业元宇宙，作为新兴的技术领域，正在逐步改变着工业制造、生产、管理和服务的各个环节。在这个过程中，人工智能技术发挥着至关重要的作用。人工智能技术不仅为工业元宇宙提供了强大的算力支持和智能决策能力，还推动了工业元宇宙在多个领域的应用和创新。

3.3.1 核心内容

1. 机器学习

机器学习作为人工智能的核心技术，其重要性在工业元宇宙中愈发凸显。机器学习通过模拟人类学习的过程，让计算机具备从海量数据中自动学习并不断优化自身性能的能力。在工业元宇宙中，这一技术广泛应用于设备预测性维护、产品质量检测、生产流程优化等关键环节。

具体来说，机器学习技术能够收集和分析设备运行数据、产品质量数据等，利用这些数据训练出相应的模型。这些模型能够自动识别和预测设备的故障风险、产品的不良率等潜在问题。例如，在设备预测性维护中，机器学习算法可以实时监测设备的运行状况，通过分析历史数据预测设备的剩余寿命，从而提前安排维护计划，避免设备突然停机带来的损失。在产品质量检测方面，机器学习算法可以自动识别和分类产品缺陷，提高检测效率和准确性，降低不良品率。

此外，机器学习技术还具有强大的扩展性和适应性。随着数据量的不断增加和算法的持续优化，机器学习模型能够不断学习和改进，以适应更加复杂和多变的生产环境。这使得机器学习技术在工业元宇宙中具有广泛的应用前景和巨大的商业价值。

2. 深度学习

深度学习作为机器学习的一个重要分支，其强大的数据处理能力在工业元宇宙中发挥着重要作用。深度学习通过模拟人脑神经网络的运作方式，让计算机能够处理更加复杂的数据和任务。

在工业元宇宙中，深度学习技术被广泛应用于图像识别、语音识别、自然语言处理等领域。例如，在质量检测环节，深度学习算法可以通过学习大量产品图像数据，自动识别和分类产品缺陷。这种技术不仅提高了检测的效率和准确性，还降低了人工检测的劳动强度。在设备监控环节，深度学习算法可以实时分析设备的运行数据，预测设备的维护需求。通过提前发现设备的潜在问题并进行干预，可以有效避免设备故障对生产造成的影响。

此外，深度学习技术还具有强大的自适应能力。随着生产环境的变化和数据量的增加，深度学习模型能够自动学习和适应新的特征和数据分布，保持对生产环境的敏感性和准确性。这使得深度学习技术在工业元宇宙中具有广泛的应用前景和巨大的商业价值。

3. 强化学习

强化学习是一种通过试错和反馈来改进行为的学习方法，在工业元宇宙中同样具有广泛的应用。强化学习技术通过让计算机在模拟或真实环境中进行试错学习，不断优化其行为策略以实现特定目标。

在工业元宇宙中，强化学习技术被应用于机器人控制、自动驾驶等领域。在这些应用中，强化学习算法可以使机器人或自动驾驶系统通过不断尝试不同的动作并接收环境的反馈，逐步优化其控制策略。这种学习方式使得机器人或自动驾驶系统能够在复杂和多变的环境中做出更加合理和高效的决策，提高生产效率和安全性。

与传统的编程方法相比，强化学习技术不需要人工编写复杂的控制逻辑和规则，而是让计算机通过试错学习来自主发现和优化控制策略。这使得强化学习技术在处理复杂和不确定性的问题时具有独特的优势。随着技术的不断发展和完善，强化学习在工业元宇宙中的应用将更加广泛和深入。

4. 计算机视觉

计算机视觉技术赋予了计算机识别、理解和处理图像和视频信息的能力，在工业元宇宙中发挥着至关重要的作用。通过利用先进的图像处理和模式识别算法，计算机视觉技术可以实现对生产环境中各种图像和视频信息的自动化处理和分析。

在工业元宇宙中，计算机视觉技术被广泛应用于质量检测、物体识别、场景理解等领域。在质量检测环节，计算机视觉算法可以自动识别和测量产品的尺寸、形状等特征，并与预设的标准进行比较以判断产品质量是否合格。这种自动化检测方式不仅提高了检测的效率和准确性，还降低了人工检测的劳动强度。在物体识别环节，计算机视觉算法可以实时识别生产线上的不同物体，并将其与生产计划进行匹配以实现自动化生产和物料管理。

此外，计算机视觉技术还可以与其他技术相结合以实现更加复杂和高级的功能。例如，通过结合机器学习和深度学习技术，计算机视觉算法可以实现对图像和视频数据的深度分析和理解以发现更多有价值的信息。这使得计算机视觉技术在工业元宇宙中具有广泛的应用前景和巨大的商业价值。

3.3.2 技术特征

1. 智能化

工业元宇宙中的人工智能技术展现了高度的智能化特征，这是通过先进的机器学习、深度学习等算法实现的。这些算法使得人工智能系统能够自主地从大量数据中学习并改进其性能，实现智能化的决策和控制。在工业元宇宙中，智能化意味着系统能够模拟人类的认知过程，对复杂问题进行理解和分析，并据此做出最优决策。这种智能化不仅提高了生产效率和产品质量，还使得生产过程更加灵活和可控。

智能化技术的应用范围广泛，涵盖了从产品设计、制造到销售、服务的整个产业链。例如，在产品设计阶段，人工智能系统可以通过学习大量历史数据和用户需求，自动优化产品设计方案，提高产品的性能和用户满意度。在制造阶段，人工智能系统可以实时监测生产设备的运行状态，自动调整生产参数，

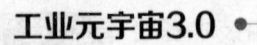

确保生产过程的稳定性和高效性。

随着技术的不断进步，工业元宇宙中的智能化水平将不断提升。未来，人工智能系统将具备更强的自我学习和自我优化能力，能够更好地适应复杂多变的生产环境。同时，随着大数据、云计算等技术的快速发展，人工智能系统将获得更加丰富的数据资源和计算资源，为其智能化水平的提升提供了有力支持。

2. 自动化

在工业元宇宙中，人工智能技术是实现高度自动化的关键。通过自动化设备和机器人等技术手段，人工智能技术可以自动完成生产线上的各项任务，极大地减少了人工干预和人为错误。这种自动化不仅提高了生产效率，还降低了生产成本和劳动强度。

自动化技术的应用范围十分广泛，从简单的重复性工作到复杂的精密操作，都可以由人工智能系统来完成。例如，在装配线上，人工智能系统可以自动完成零件的抓取、定位和组装等任务；在质量检测环节，人工智能系统可以自动识别和分类产品缺陷，确保产品质量的稳定性和可靠性。

随着技术的不断进步，工业元宇宙中的自动化水平将不断提高。未来，人工智能系统将具备更强的自主决策和自主执行能力，能够更好地适应复杂多变的生产环境。同时，随着物联网、5G等技术的快速发展，人工智能系统将与更多设备实现无缝连接和协同工作，推动工业元宇宙向更加智能、高效的方向发展。

3. 数据分析与挖掘

在工业元宇宙中，人工智能技术发挥着至关重要的数据分析与挖掘作用。通过对海量的生产数据、设备数据等进行深度分析和挖掘，人工智能系统能够发现其中的规律和关联，为生产优化提供有力的数据支持。

数据分析与挖掘技术的应用范围广泛，包括生产流程优化、产品质量提升、设备维护等方面。例如，在生产流程优化方面，人工智能系统可以通过分析生产数据，发现生产过程中的瓶颈和浪费环节，提出针对性的优化建议；在产品质量提升方面，人工智能系统可以通过分析产品质量数据，发现产品缺陷的原因和规律，提出改进措施；在设备维护方面，人工智能系统可以通过分析设备运行数据，预测设备的故障风险和维护需求，提前进行干预和处理。

随着技术的不断进步，数据分析与挖掘的能力将不断提升。未来，人工智能系统将具备更强的数据处理和分析能力，能够处理更加复杂和庞大的数据集。同时，随着云计算、边缘计算等技术的快速发展，人工智能系统将获得更加丰富的计算资源和存储资源，为其数据分析与挖掘能力的提升提供了有力支持。

4. 实时性与响应性

在工业元宇宙中，人工智能技术的实时性和响应性是其重要特点之一。通过实时监测生产设备的运行状态、产品质量等信息，并实时响应和处理各种异常情况，人工智能系统能够确保生产过程的稳定性和可靠性。

实时性与响应性的重要性不言而喻。在生产过程中，任何异常情况都可能对生产造成严重影响。因此，及时发现并处理这些异常情况对于保障生产的稳定性和可靠性至关重要。人工智能系统通过实时监测和响应处理机制，能够在最短的时间内发现并处理异常情况，避免其对生产造成不良影响。

随着技术的不断进步，人工智能系统的实时性和响应性将不断提高。未来，人工智能系统将具备更快的响应速度和更高的处理效率，能够更好地应对各种复杂和多变的生产环境。同时，随着物联网、5G等技术的快速发展，人工智能系统将能够实现更加高效和准确的数据传输和处理，为其实时性和响应性的提升提供了有力支持。

3.3.3 应用前景

随着工业元宇宙的不断发展，人工智能技术将在其中发挥更加重要的作用。未来，人工智能技术将与工业元宇宙中的其他技术深度融合，实现更加智能化、

自动化的生产和管理。

在智能制造领域，人工智能技术将实现更加智能的生产计划和调度。通过学习和分析历史数据和实时数据，人工智能系统能够预测未来的生产需求和资源供应情况，并据此制定最优的生产计划和调度方案。这将大大提高生产效率和资源利用率，降低生产成本和浪费。

在智能服务领域，人工智能技术将提供更加个性化、高效的服务支持。通过学习用户的偏好和需求，人工智能系统能够为用户提供更加精准和个性化的服务。例如，在智能客服系统中，人工智能系统可以自动识别用户的意图和问题，并提供相应的解决方案和建议。这将大大提高用户满意度和忠诚度。

在智能管理领域，人工智能技术将实现更加精准、高效的生产管理和决策支持。通过学习和分析生产数据和管理数据，人工智能系统能够发现生产过程中的问题和瓶颈，并提出相应的改进措施和建议。同时，人工智能系统还可以为管理者提供实时的生产情况和数据分析报告，帮助他们更好地了解生产状况并做出决策。这将大大提高生产管理的效率和准确性。

3.4 虚拟人

3.4.1 核心内容

虚拟人如图 3-1 所示，它可以分成不同的层级，包括高保真真人、卡通感真人、卡通化、整体拟人化、细节拟人化等。从虚拟人的应用来看，从黄仁勋的虚拟人演讲到蓝色光标的"苏小妹"销售代言，都是很好的模式。

从营销的角度讲，通过投入高额资金，打造虚拟人，吸引客户的眼球，带来流量，产生销售是一个常规的模式。但是，企业需要结合自身的实际情况，根据客户类型、产品类型规划虚拟人的应用。例如，为普通员工花费几百、上千元制作卡通式虚拟人，而为公司的董事长、总经理花费几十万元制作更为逼真的虚拟人。一些大型公司希望有更好的体验，可能花费上百万元制作虚拟人，只要能把成本摊销掉，就可称得上是一种合理的模式。

图 3-1 虚拟人

虚拟人的应用应强调体系化。例如，企业可以采用虚拟人客服为客户解答问题，但不能因为有了虚拟人，就完全没有人工介入了。采用虚拟人以后，可以提高工作效率，那么可以把原来 100 个真实的自然人换成 20 个虚拟人加 10 个真实的自然人。

在服务模式上，可以首先由虚拟人应答，如果虚拟人不能恰当地应答，则由普通客服人员进行支持，如果还是不能解决，就需要更高层级的客服专家介入。从定量的角度看，虚拟人完成了 80%的工作量，而普通客服人员完成了 15%，专家完成了 3%。只要有人工介入，无论是普通客服人员还是专家，都要把对答信息整理后输入系统，也就是把经验、知识通过学习机输入系统，这样就可以复用，从而不断提高整个体系的服务能力和服务水平。

3.4.2 技术特征

1. 真实性与沉浸感

虚拟人技术的最大特点之一就是其真实性和沉浸感。通过先进的 3D 建模和

渲染技术，虚拟人能够呈现出逼真的外观和表现效果；同时，交互技术和AI技术的应用也使得虚拟人具备了更加真实的交互能力和情感表达。这些特点使得用户在与虚拟人交互时能够感受到更加真实、沉浸的体验。

2. 智能化与自主性

虚拟人技术还具备智能化和自主性的特点。通过AI技术的应用，虚拟人能够不断地学习和积累知识，提高自身的能力和水平；同时，它们还能够根据用户的需求和反馈进行自我优化和调整。这种智能化和自主性的特点使得虚拟人能够更好地适应不断变化的工业环境和需求，为用户提供更加精准、高效的服务。

3. 可定制性与可扩展性

虚拟人技术还具有可定制性和可扩展性的特点。通过调整虚拟人的形象、语言、行为等参数，可以创建出符合不同用户需求的虚拟人形象；同时，随着技术的不断发展，虚拟人的功能和性能也可以不断地得到扩展和提升。这种可定制性和可扩展性的特点使得虚拟人在工业元宇宙中具有更加广泛的应用前景。

3.4.3 应用前景

在工业元宇宙中，虚拟人技术已经得到了广泛的应用。例如，在工业生产线上，虚拟人可以作为操作员的助手，帮助操作员监控生产进度和设备状态；在客户服务领域，虚拟人可以作为智能客服机器人，为用户提供24小时不间断的服务支持；在培训领域，虚拟人可以作为虚拟教师或导师，为用户提供个性化的学习体验等。

3.5 物联网技术

在这个由数字化、网络化和智能化构成的虚拟空间中,物联网技术发挥着至关重要的作用。物联网技术通过将各种信息传感设备与网络连接起来,实现智能化识别、定位、跟踪、监控和管理,为工业元宇宙的构建提供了强大的技术支撑。

3.5.1 核心内容

1. 传感器技术

传感器技术是物联网技术的基石,它如同物联网的"感官",负责捕捉和感知周围环境中的各类信息。在工业元宇宙中,传感器技术发挥着至关重要的作用。无论是生产线上的温度、湿度、压力监测,还是产品质量检测中的尺寸、重量、颜色识别,传感器都能将现实世界中的物理量转化为数字信号,为工业元宇宙提供基础数据支持。随着技术的不断进步,传感器正变得越来越小巧、高效和智能化,能够应对更复杂、更精细的感知需求,为工业元宇宙的智能化发展提供了强大的支撑。

2. 通信技术

通信技术是物联网技术中实现设备互联互通的桥梁。在工业元宇宙中,有线通信和无线通信技术共同构成了物联网的通信网络。有线通信如以太网、光纤等,以其高速、稳定的传输性能,为工业环境中的数据传输提供了可靠保障;而无线通信如 Wi-Fi、蓝牙、ZigBee 等,则以其灵活、便捷的部署方式,满足了

各种复杂场景下的通信需求。这些通信技术使得物联网设备能够实时地交换数据和信息，实现了对生产过程的远程监控和管理，提高了工业生产的效率和可靠性。

3. 数据处理技术

在物联网技术中，数据处理技术是实现智能化决策和管理的关键。工业元宇宙中产生的海量数据需要通过数据挖掘、机器学习等技术手段进行深度分析和挖掘，以发现数据中的规律和关联，为生产优化、故障预测等提供数据支持。这些数据处理技术不仅提高了数据的利用率和价值，还为工业元宇宙的智能化升级提供了强大的技术支撑。随着大数据和人工智能技术的不断发展，数据处理技术将在工业元宇宙中发挥更加重要的作用。

4. 安全技术

物联网技术的安全性是保障其正常运行的关键。在工业元宇宙中，物联网设备需要面临各种安全威胁，如网络攻击、数据泄露等。因此，安全技术是物联网技术不可或缺的一部分。通过身份认证、数据加密、防火墙等技术手段，可以确保物联网设备之间的通信和数据传输的安全性，防止数据泄露和攻击。此外，还需要建立完善的安全管理体系和应急响应机制，以应对各种突发情况，确保工业元宇宙的安全稳定运行。

3.5.2 技术特征

1. 全面感知

物联网技术具有全面感知的特点。通过各种传感器和终端设备，物联网技术可以实现对目标物体或环境的全方位、多维度的感知。无论是生产线上的设备状态、产品质量，还是仓库中的货物数量、位置，物联网技术都能实时获取和监测各种信息，形成对目标的完整认知。这种全面感知的能力使得工业元宇宙能够实时掌握生产过程中的各种情况，为智能化管理和控制提供有力支持。

2. 可靠传输

物联网技术具有可靠传输的特点。通过多种网络技术，物联网技术可以将感知到的数据可靠地传输到云端或其他设备。这些网络技术包括无线网络、有线网络、移动网络等，它们具有不同的特点和优势，可以根据不同的应用场景进行选择和优化。可靠传输保证了数据的完整性和实时性，使得不同设备之间能够协同工作，提高了整体系统的效率和可靠性。在工业元宇宙中，可靠传输是实现信息共享和交互的基础，对于提高生产效率、降低运营成本具有重要意义。

3. 智能处理

物联网技术具有智能处理的特点。通过云计算、大数据分析、人工智能等技术手段，物联网技术可以对传输到的数据进行存储、处理和分析，提取有价值的信息，为决策和控制提供支持。这种智能处理能力使得物联网技术能够实现对生产过程的智能化管理和控制。例如，通过对生产设备的实时监控和数据分析，可以预测设备的故障情况并进行预防性维护；通过对产品质量数据的分析，可以发现产品质量的波动并进行调整和优化。智能处理不仅提高了生产效率和产品质量，还降低了生产成本和风险。

4. 实时性与响应性

物联网技术具有实时性和响应性的特点。在工业元宇宙中，物联网技术可以实时监测生产设备的运行状态、产品质量等信息，并实时响应和处理各种异常情况。这种实时性和响应性使得生产过程更加可控和可靠，降低了生产风险。例如，当生产设备出现故障时，物联网系统可以立即发出警报并通知相关人员进行处理；当产品质量出现问题时，物联网系统可以自动调整生产参数并进行

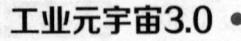

纠正。实时性和响应性不仅提高了生产过程的稳定性和可靠性，还提高了企业的响应速度和竞争力。

3.5.3 应用前景

在工业元宇宙中，物联网技术已经得到了广泛的应用。在智能制造领域，物联网技术可以实现对生产设备的实时监控和故障预测，提高设备的运行效率和可靠性；在智能物流领域，物联网技术可以实现对货物的实时跟踪和定位，提高物流的效率和准确性。此外，物联网技术还在智能供应链管理、智能仓储管理、智能环保监测等领域发挥着重要作用。

3.6 区块链技术

区块链技术以其独特的优势，为工业元宇宙的构建提供了强大的技术支撑。区块链技术通过其去中心化、不可篡改、透明公开等特性，为工业元宇宙中的数据安全、交易信任、智能合约等方面带来了革命性的变革。本节将对工业元宇宙中区块链技术的核心技术和技术特征进行详细阐述。

3.6.1 核心内容

1. 分布式账本技术

分布式账本技术是区块链技术的基石，它在工业元宇宙中扮演着至关重要的角色。通过建立一个去中心化、由多个节点共同维护的账本，分布式账本技术实现了数据的安全存储和共享。这种技术确保了数据的真实性和完整性，因为任何对数据的修改都需要经过网络中大多数节点的验证和确认。在工业元宇宙中，分布式账本技术可以应用于供应链管理、产品追溯、设备维护等多个领域，提高数据的安全性和可信度。同时，由于账本是由多个节点共同维护的，因此具有较高的容错性和可扩展性，能够应对大规模的数据处理和存储需求。

2. 加密算法

加密算法是区块链技术中保障数据安全的重要手段。在工业元宇宙中，区块链技术通过采用多种加密算法，如哈希算法、公钥加密算法等，确保了数据的机密性、完整性和不可否认性。哈希算法可以将任意长度的数据转化为固定长度的哈希值，实现数据的唯一标识和校验。公钥加密算法则可以实现数据的加密传输和解密验证，确保数据在传输过程中的安全性。这些加密算法不仅能够有效防止数据被篡改或伪造，还能够保证数据在存储和传输过程中的机密性，为工业元宇宙中的数据安全提供了坚实的保障。

3. 共识机制

共识机制是区块链技术中实现各节点间协同工作、确保数据一致性的关键。在工业元宇宙中，区块链技术通过采用各种共识机制，如工作量证明（PoW）、权益证明（PoS）、委托权益证明（DPoS）等，实现了各节点间的协同工作和数据一致性。这些共识机制能够确保只有经过网络中大多数节点验证和确认的交易才会被写入区块链，从而保证了数据的真实性和完整性。同时，共识机制还能够提高系统的可扩展性和性能，使得工业元宇宙中的区块链网络能够支持更多的节点和更复杂的业务场景。

4. 智能合约

智能合约是区块链技术中一种重要的应用形式，它在工业元宇宙中具有广泛的应用前景。智能合约可以自动执行预设的规则和条件，实现自动化的交易、支付、管理等操作。在工业元宇宙中，智能合约可以应用于供应链管理、能源交易、设备租赁等多个领域，提高交易的效率和安全性。通过智能合约，企业

可以自动化地执行复杂的业务流程和交易规则，降低人工干预的风险和成本。同时，智能合约还可以实现跨组织、跨领域的合作和协同，推动工业元宇宙的健康发展。

3.6.2 技术特征

1. 去中心化

区块链技术的去中心化特性使得工业元宇宙中的数据不再依赖于单一的中央机构进行管理，而是由多个节点共同维护。这种去中心化的架构不仅提高了系统的可靠性和稳定性，还降低了单点故障的风险。在工业元宇宙中，去中心化意味着数据的所有权和控制权不再集中于某个中央机构或少数人手中，而是由网络中的所有节点共同掌握。这种特性使得数据更加公平、公正地分配和使用，有助于建立更加公平、公正的交易环境。同时，去中心化还有助于提高系统的可扩展性和灵活性，使得工业元宇宙能够应对不断变化的业务需求和市场环境。

2. 不可篡改

区块链技术通过其独特的加密算法和数据结构，确保了数据的不可篡改性。在工业元宇宙中，一旦数据被写入区块链，就无法被篡改或删除。这种特性使得工业元宇宙中的数据具有极高的真实性和可信度，为各种交易和合作提供了坚实的基础。不可篡改性还意味着任何对数据的修改都会留下痕迹并被网络中的其他节点所记录，从而保证了数据的透明度和可追溯性。这有助于企业发现和应对潜在的欺诈和不当行为，维护市场的公平和公正。

3. 透明公开

区块链技术的透明公开特性使得工业元宇宙中的数据可以被任何人查看和

验证。这种特性有助于建立更加透明、公正的交易环境，减少欺诈和不当行为的发生。在工业元宇宙中，透明公开意味着所有参与方都可以查看和验证区块链上的数据和信息，从而确保数据的真实性和可信度。这种特性还有助于促进不同实体之间的信任和合作，推动工业元宇宙的健康发展。同时，透明公开还有助于提高数据的可用性和可访问性，使得企业能够更加方便地获取和使用数据资源。

4. 智能化

区块链技术的智能化特性使得工业元宇宙中的各种操作可以自动化执行。通过智能合约等技术手段，区块链技术可以实现自动化的交易、支付、管理等操作，提高工业元宇宙的智能化水平。在工业元宇宙中，智能合约可以根据预设的规则和条件自动执行各种操作和决策，从而减少人工干预和降低错误率。这种智能化特性不仅提高了交易的效率和安全性，还降低了企业的运营成本和风险。同时，智能合约还可以实现跨组织、跨领域的合作和协同，推动工业元宇宙的创新和发展。

3.6.3 应用前景

在工业元宇宙中，区块链技术已经得到了广泛的应用。例如，在供应链管理领域，区块链技术可以实现对供应链的全程跟踪和追溯，提高供应链的透明度和可信度；在智能制造领域，区块链技术可以实现对生产设备、产品质量等信息的实时记录和验证，提高制造过程的智能化水平和产品质量；在金融服务领域，区块链技术可以实现对资金流动、交易记录等信息的实时监控和管理，提高金融服务的效率和安全性。

未来，随着区块链技术的不断发展和创新，其在工业元宇宙中的应用将更加广泛和深入。例如，在智能合约方面，区块链技术将支持更加复杂、智能的合约编写和执行方式，为工业元宇宙中的各种交易和合作提供更加灵活、高效

的解决方案；在隐私保护方面，区块链技术将采用更加先进的加密算法和隐私保护技术，确保工业元宇宙中的数据安全和隐私保护；在跨链互操作性方面，区块链技术将支持不同链之间的互操作性和通信协议，实现更加广泛的数据共享和协同工作。

第 **4** 章

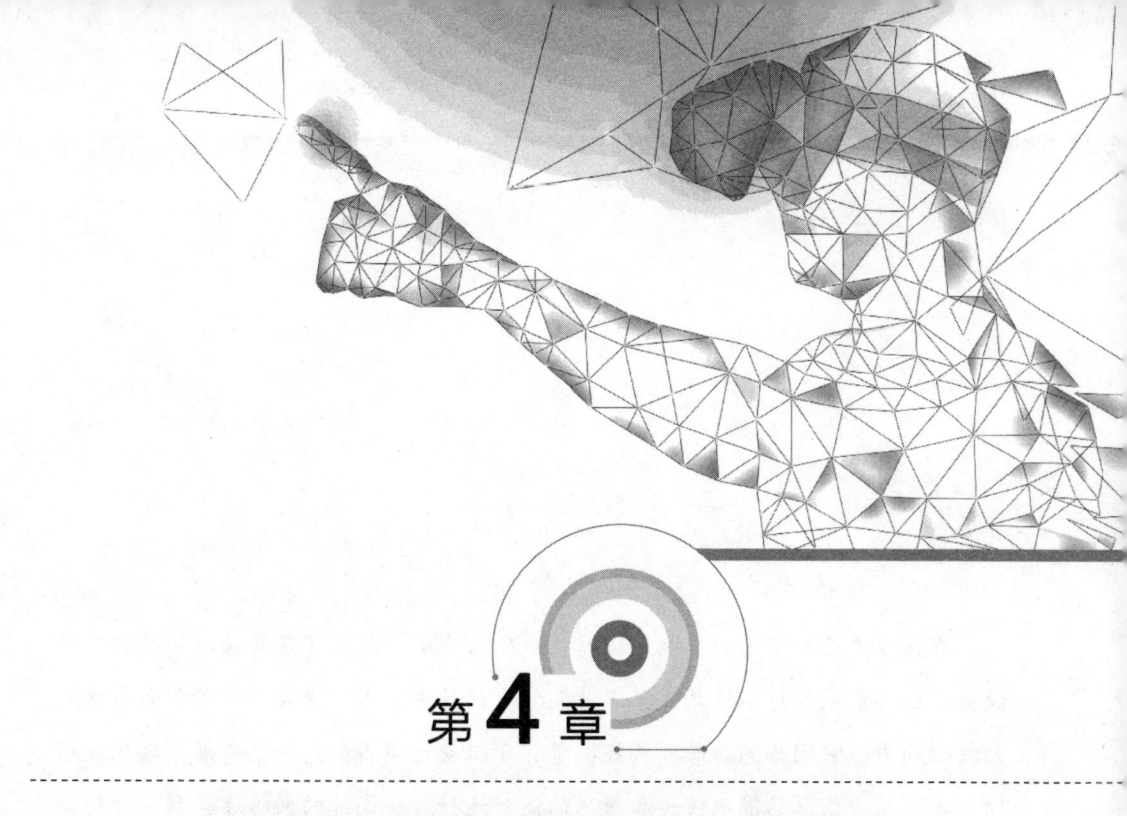

工业元宇宙基础设施

在探索工业元宇宙的广阔天地时，我们首先必须深入了解其赖以支撑的基础设施。这些基础设施不仅构成了工业元宇宙的技术基石，更是推动其创新与发展的核心动力。它们如同血管和神经，贯穿于工业元宇宙的每一个角落，确保数据的高速流动、信息的准确传递和应用的高效运行。从高速的网络连接到强大的云平台服务，再到多样化的终端设备，这些基础设施的协同工作，为工业元宇宙中的智能制造、远程协作、虚拟培训和智能分析等应用提供了无限可能。接下来，我们将深入探讨这些基础设施的关键要素，以及它们是如何共同塑造工业元宇宙的未来。

4.1 网络基础设施

在工业元宇宙中,网络基础设施扮演着至关重要的角色,它不仅是连接各个组成部分的桥梁,更是实现数据高速传输、低延迟交互的基础。随着技术的不断进步,网络基础设施正逐步向更高效、更安全、更智能的方向发展。

4.1.1 高速网络的发展与应用

工业元宇宙对数据传输速度的要求极高,传统的网络架构已经难以满足其需求。因此,高速网络技术的发展成为必然。5G 技术作为当前最先进的通信技术之一,以其高速度、低延迟的特点,为工业元宇宙提供了强有力的支持。通过 5G 网络,工业元宇宙可以实现实时数据传输和交互,为远程监控、智能控制等应用提供了可能。例如,西门子在其智能工厂中部署了 5G 网络,实现了设备与设备之间的实时数据交换和远程操控,大大提高了生产效率和响应速度。

除了 5G 技术外,未来的 6G 技术也在紧锣密鼓地研发中。6G 技术预计将在速度、延迟、安全性等方面有更大的提升,进一步满足工业元宇宙对网络的极高要求。可以预见,在不久的将来,高速网络将成为工业元宇宙中不可或缺的基础设施之一。

4.1.2 边缘计算技术的引入

在工业元宇宙中,大量的数据处理和存储需求给中心化数据中心带来了巨大的压力。为了解决这一问题,边缘计算技术被引入到网络基础设施中。边缘计算将数据处理和存储更靠近数据源,减少数据传输的延迟和带宽需求,提高

响应速度。

例如，在智能制造领域，通过在生产线上部署边缘计算设备，可以实现对生产设备的实时监控和故障预测。当设备出现故障时，边缘计算设备可以立即进行处理，并将处理结果传输到中心化数据中心进行进一步分析。这样不仅可以提高生产效率，还可以降低故障对生产的影响。著名的工业巨头GE（通用电气）已经在其风力涡轮机中部署了边缘计算技术，实现了对设备状态的实时监控和智能维护。

4.1.3 网络安全保障体系的建立

网络安全是工业元宇宙中不可忽视的问题。随着网络的日益复杂和开放，网络攻击和数据泄露的风险也在不断增加。因此，建立一个完善的网络安全保障体系对于保障工业元宇宙的安全运行至关重要。

在网络安全保障体系中，加密技术是必不可少的一环。通过加密技术，可以确保数据的传输和存储安全，防止数据被非法获取和篡改。同时，还需要建立完善的入侵检测系统和防火墙等安全设施，对潜在的网络攻击进行及时发现和拦截。

除了技术手段外，还需要加强网络安全意识的培养和管理制度的完善。通过加强员工的安全意识培训，提高员工对网络安全的重视程度和应对能力；同时建立完善的安全管理制度和应急响应机制，确保在发生网络安全事件时能够迅速应对和处置。

网络基础设施作为工业元宇宙的重要组成部分，其发展和完善对于推动工业元宇宙的发展具有重要意义。未来随着技术的不断进步和应用场景的不断拓展，网络基础设施将面临更多的挑战和机遇。我们有理由相信在不久的将来网络基础设施将会更加高效、安全、智能地服务于工业元宇宙的发展。

4.2 云平台

在工业元宇宙中，云平台基础设施扮演着至关重要的角色。它不仅是数据存储和处理的中心，也是各类应用程序和服务的承载平台。云平台通过提供灵活、可扩展的计算资源，为工业元宇宙的构建和运行提供了强大的支持。

4.2.1 云计算资源的丰富性

云平台提供了丰富的计算资源，包括服务器、存储、数据库等。这些资源可以根据工业元宇宙的需求进行动态分配和扩展，满足大规模数据处理和存储的需求。例如，亚马逊的 AWS 云平台通过其强大的计算和存储能力，为全球各地的企业提供了支持，帮助它们快速构建和部署应用。

在工业元宇宙中，云计算资源的丰富性不仅体现在数量上，更体现在多样性上。云平台支持多种操作系统、数据库和中间件等，为工业元宇宙提供了广泛的选择空间。这使得工业元宇宙可以根据自身需求选择最适合的技术栈和工具链，提高开发效率和系统性能。

4.2.2 云服务管理的便捷性

云平台提供了强大的云服务管理功能，包括自动化部署、监控、维护等。这些功能使得工业元宇宙的运维工作变得更加便捷和高效。通过云平台提供的工具和服务，用户可以轻松地管理和维护工业元宇宙中的各种资源和应用，降低运维成本和风险。

此外，云平台还支持多云管理和混合云部署等高级功能。这些功能使得工

业元宇宙可以在多个云平台之间自由迁移和扩展，提高系统的灵活性和可靠性。同时，混合云部署还可以将公有云和私有云的优势结合起来，满足工业元宇宙在数据安全、性能等方面的特殊要求。例如，IBM 的混合云解决方案为企业提供了灵活的部署选项，使其能够在公有云和私有云之间自由切换，满足不同业务场景的需求。

4.2.3　云原生应用的创新性

云平台为工业元宇宙提供了创新的云原生应用开发模式。云原生应用利用容器化技术、微服务架构等先进技术，实现了应用的快速开发、部署和扩展。这些应用具有高度的可移植性和可扩展性，可以在不同的云平台上无缝运行。

在工业元宇宙中，云原生应用可以发挥巨大的作用。例如，在智能制造领域，云原生应用可以实现对生产设备的实时监控和故障预测；在智能物流领域，云原生应用可以实现对货物的实时跟踪和定位等。这些应用不仅提高了生产效率和服务质量，还降低了运营成本和风险。知名企业如 Netflix 和 Spotify 都采用了云原生架构，实现了高度灵活和可扩展的服务。

4.3　终端设备

目前，传统的计算机、手机、工控机、嵌入式处理器仍是主要的终端设备。但是，随着 VR/AR 设备的能力提升、成本下降、体验更好，这些终端设备的规模会越来越大，种类形式也会越来越多。需要说明的是，很多终端设备得到应用的一个前提是网络能力的提升，例如，有了更高效的 5G 网络，VR/AR 设备才能在越来越多的场景下得到应用。

4.3.1　VR 设备的应用

VR 设备主要面对消费领域。这里以 VR 头显为例进行说明。VR 头显利用头戴式显示设备将人对外界的视觉、听觉封闭，引导用户产生一种身在虚拟环境中的感觉。其显示原理是左、右眼屏幕分别显示不同的图像，人眼获取这种带有差异的信息后在脑海中产生立体感。VR 头显可分为三类：外接式头显、一体式头显、移动端头显。

移动端头显结构简单、价格低廉，只要放入手机即可观看，使用方便。外接式头显的用户体验较好，具备独立屏幕，产品结构复杂，技术含量较高，不过受数据线的限制，自身无法自由活动，如 PICO、HTC VIVE、Oculus Rift。一体式头显也称 VR 一体机，无须借助任何输入输出设备就可以在虚拟世界里尽情享受 3D 立体感带来的视觉冲击。

VR 设备的典型应用领域包括游戏、教育、医疗、房地产、旅游等。在游戏领域，VR 设备可用于角色扮演、竞速赛车或者动作类游戏。在教育领域，学生通过 VR 设备可以更好地感知教学内容、训练动作，而且可以降低实物设备的使用成本。在医疗领域，可以利用虚拟的人体模型，借助跟踪球、HMD、感觉手套，了解人体内部各器官结构，对虚拟的人体模型进行手术等，观测手术后的效果。在房地产领域，可以利用 VR 设备全景查看房屋，实现虚拟装修，从而带动房地产销售。在旅游领域，可以制作大量的虚拟化旅游景点，或者复原文化古迹，从而让游客更好地感知景点、建筑，身临其境地感受已经消失的历史瑰宝。

4.3.2　AR 设备的应用

相对于 VR 设备，AR 设备目前的应用量还比较小，销售量在十万级。AR 设备可以分成两类：分体式和一体式。分体式的功能主要是展示。例如，Nreal 头显支持通过 Type-C 接口与智能手机、PC 连接，允许将智能手机、PC 中的内容传输到头显中，供用户查看。一体机可以看成一种特殊的小型计算机，将显

示器、传感器、计算系统、人类理解系统、环境理解系统等集成在一个头显上，提供更便捷的体验。

AR 设备是一种可以同时查看真实事物和虚拟事物的设备。在工业元宇宙中，AR 设备的作用是在现实空间中提供虚拟信息，以更好地为实体制造服务，也就是以虚强实，从而更好地赋能实体经济。AR 设备采用了显示技术、视频采集技术、智能语音识别技术、跟踪定位技术、虚实结合技术等，在交互方面包括语音交互、眼动交互、动作捕捉、触觉交互等。工业应用一般要求 AR 设备重量轻、防尘、防水、防摔，可以实现音频降噪，符合人机工程学。

4.3.3 MR 设备的应用

混合现实（MR）技术，作为虚拟现实（VR）和增强现实（AR）的结合体，正在为工业元宇宙带来革命性的变化。MR 设备能够将虚拟元素与现实世界无缝融合，为用户提供沉浸式的体验和高度的互动性。在这一领域，Meta Quest 3 和 Apple Vision Pro 两款设备尤为引人注目。

Meta Quest 3，作为 Meta 公司（前 Facebook）的新一代 MR 头显设备，具备独立运行的能力，无需连接 PC 或手机。它拥有强大的处理能力和充足的存储空间，能够支持复杂应用和高质量图形渲染。此外，Quest 3 的高分辨率显示屏为用户提供了清晰的视觉体验，有效减少了使用时的眩晕感。手部追踪技术和高精度控制器的结合，进一步提升了用户与虚拟对象交互的自然性和准确性。其混合现实功能通过内置摄像头和传感器，实现了虚拟与现实的精准叠加，极大提升了生产和培训的效率。

Apple Vision Pro 则是 Apple 推出的一款高端 MR 设备，它以卓越的显示技术和强大的处理能力著称。Vision Pro 配备了超高分辨率的 Micro-LED 显示屏，搭载 Apple 自研的 M 系列芯片，确保了复杂 MR 应用的流畅运行和实时数据处理。先进的传感器和摄像头，使得设备能够精确捕捉用户的手部动作和环境信息，实现精准的手势控制和环境感知。Vision Pro 的设计注重舒适性和人体工程学，适合长时间佩戴，并且对眼镜用户友好。它支持多种应用场景，包括远程协作、虚拟会议、工业设计和培训等，为提高工作效率和协作效果提供了有力工具。

　　MR设备在工业元宇宙中的应用场景广泛，它可以用于创建模拟的工业操作环境，让员工在没有实际操作风险的情况下进行培训。例如，通过投射真实操作场景中的MR培训内容，新员工可以快速学习技术知识，降低培训周期；MR技术在医疗领域的应用包括手术规划、解剖教学和远程医疗咨询。医生可以利用MR技术进行手术模拟，提高手术的成功率；MR技术可以用于增强顾客的购物体验。例如，淘宝与微软HoloLens合作推出的MR购物体验，允许消费者在虚拟环境中试穿衣服和搭配商品；MR技术在娱乐行业的应用，如时装秀和艺术展览，为观众提供了全新的观赏方式。

第 5 章

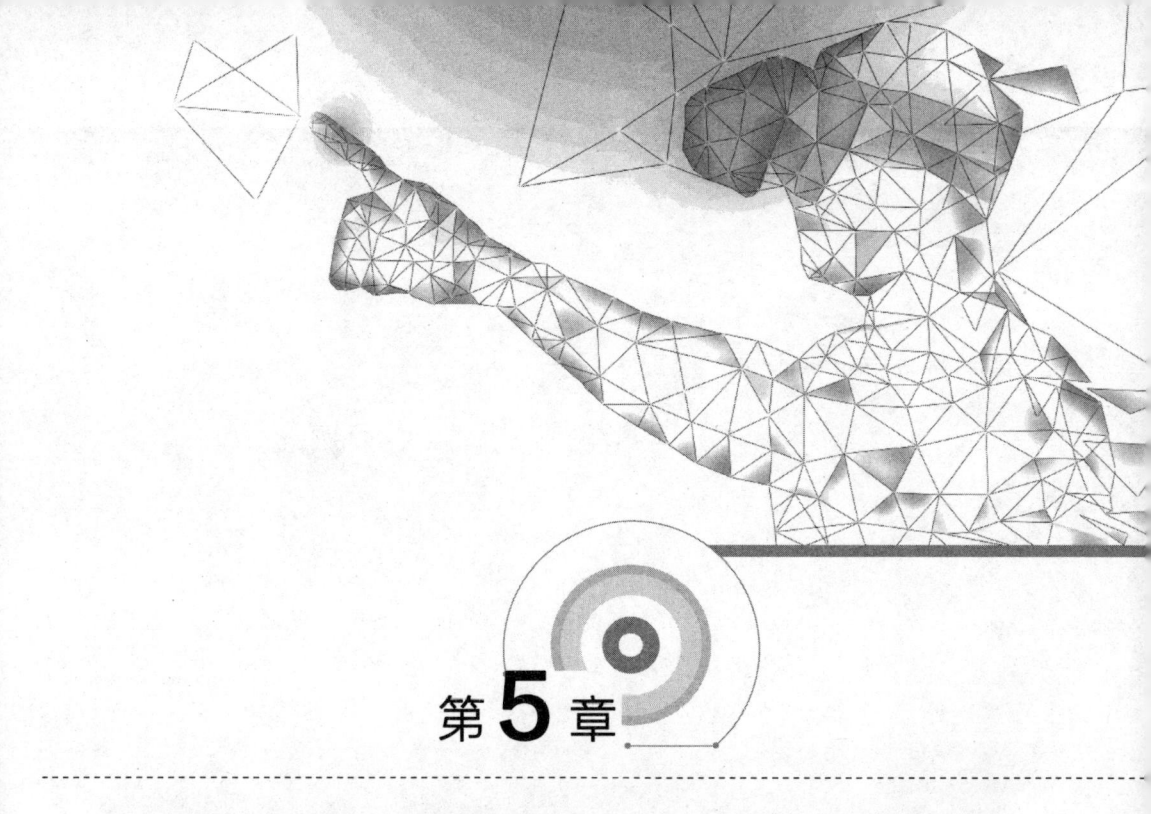

工业元宇宙时代的市场战略

5.1 概述

进入工业元宇宙时代,企业的客户发生了巨大的变化,市场和产品也发生了巨大的变化,因此有必要针对市场与品牌进行探讨,而具体的营销工作在下一章深入探讨。

工业元宇宙会带来巨大的市场。这个市场通过强大的通信能力、算力、展示力,将海量的产品、数据资源、工业生产资源聚集在一起。就市场的构成而言,虚拟产品与现实产品都将变得更为丰富。与此同时,市场规模将不断扩大,虚拟产品所占的比重会越来越大,量值也会越来越大。

5.2 新的市场平台

现实世界中的市场包括交易市场、展览会、商业街等,而进入元宇宙时代,社交平台、游戏平台、各种商业平台、云服务平台,乃至虚拟的社区、店铺、场景都将成为新的市场平台。企业需要充分利用这些平台,在这些平台中获得话语权和影响力,进而促进企业的产品销售,建立企业的品牌。

例如,近日天下秀虹宇宙与龙湖地产合作,构建了虚拟的看房、买房平台,提出了元宇宙样板间这个新名词、新概念,这是很好的开端,具有里程碑意义。在技术方面,其应用了三维建模、数字孪生、区块链、人机交互、VR/AR 等多种技术,改进看房体验,让用户获得更好的沉浸感、真实感、艺术美感。在应用方面,不同于游戏中的虚拟地产,元宇宙样板间基于真实的物理住宅、商场、商铺,采用数字孪生技术,构造出虚拟建筑,这些虚拟建筑可以租借使用。用

户可以在地球的任何一个角落查看房屋情况，获得与线下一致的体验，甚至更好的体验，这样不仅成本更低，而且更便于用户使用。

5.3 市场战略

进入工业元宇宙时代，会出现大量的虚拟产品，而虚拟产品的对象可以是真实的自然人，也可以是虚拟人、机器人。必须构建一个新型市场，这个市场要具备创新性和一定规模，企业乃至个人的产品或者服务要具有针对性和竞争力。

5.3.1 蓝湖战略

以前有一本书很出名，书名为《蓝海战略》。与蓝海战略相对的是红海战略。既然被称为"海"，就意味着体量很大，即规模很大的市场。

后来又有一本书非常流行，书名为《长尾理论》。将"蓝海"与"长尾"相交，就形成了一个"蓝色的尾部"。这种模式可以称为蓝湖，它包含两个要素，即有一定规模和创新，对应的战略可以称为蓝湖战略。

5.3.2 新的市场类型

在元宇宙时代，第一是在现有市场上进行创新。

第二是采用跨界的模式，也就是原来的规模型企业利用元宇宙赋能，提升自身的营销能力、产品与服务水平、生产制造水平、创新能力，从而实现飞跃。

第三是交叉市场，原先的供应商往往顾此失彼，抓住这一点做出可以融通的方案，从而获得新市场。

第四是面向全球，例如，针对原来的民族特色产品，提升其功能，通过媒体、协会、政府宣传，赢得新市场。

第五是从原有市场中拆分出一个小型市场。

对于中小型企业而言，可以从创意开始，表达创新，逐步精化，形成虚拟，进而达到可制造的水平，再考虑生产的协同能力、规模经济性，从而形成专精特新企业。

5.3.3 案例分析

曾经有一位做化工企业监测设备的企业家在介绍自己企业情况时说："我们生产检测油品质量的设备，现在的大环境不好，订单减少，额度下降，回款也慢。"作者就问："能不能把你的产品从 2B 变成 2C？"他摇头说："我们的产品对个人而言，太贵了。"作者接着问："需要多少钱呢？"他说："至少要两万元"作者接着说："如果是普通的车，价格在 10 万元左右，买你的检测设备，确实太贵了。如果是 50 万元以上的车呢？匹配一个 2 万元的检测设备，应该值得考虑。另外，单位的车辆也可以使用，或者多人联合采购。"针对这个案例，作者认为核心在于按需求考虑场景，预测一个可能的规模，针对产品做改进，进行量本利盈亏分析。按照这个基本思路，将自身条件和当前热点结合起来深入研究，也许就能找到新市场。

例如，青岛冷箱开展特种箱制造交流的时候，时任青岛冷箱技术部经理的黄国浩就强调："我们通过定制化生产，培养锻炼了一批人。"而后来青岛冷箱成了世界上规模最大的冷藏集装箱生产企业。

5.4 品牌建设

对于元宇宙这个新空间、新市场，企业显然需要确立自己的新地位。面对

元宇宙带来的新巨量市场，企业可以借鉴一些品牌公司的做法，为自己确立一个品牌建设目标。

5.4.1 虚拟品牌

随着元宇宙的火热，涌现出大量虚拟品牌，这些虚拟品牌强调的是完全的虚拟化，包括虚拟产品、虚拟形象、虚拟人、虚拟场景等。

以 RTFKT 为例，RTFKT 生产的虚拟球鞋（如图 5-1 所示）均采用区块链去中心化的方式销售，鞋上带有独立编号，可以跟普通球鞋一样交易，整个在线交易过程有迹可循且不可伪造。为了让消费者真实感知到虚拟球鞋的存在，RTFKT 还会制作一些与虚拟球鞋同样规格及工艺的实体版，送到消费者手中。RTFKT 在 Instagram 上发布了一张埃隆·马斯克参加 2018 年纽约大都会艺术博物馆慈善舞会的图片，图中显示马斯克穿着一双酷似电动皮卡（Cybertruck）造型的鞋子，这款鞋由 RTFKT 所打造，极具赛博朋克的气质吸引了不少粉丝询价，并最终以 15000 美元的高价售出，这让 RTFKT 一炮而红。马斯克同款 CYBER SNEAKER 虚拟球鞋的官网售价已飙升至 113996 美元，并显示为售罄状态，如图 5-2 所示。

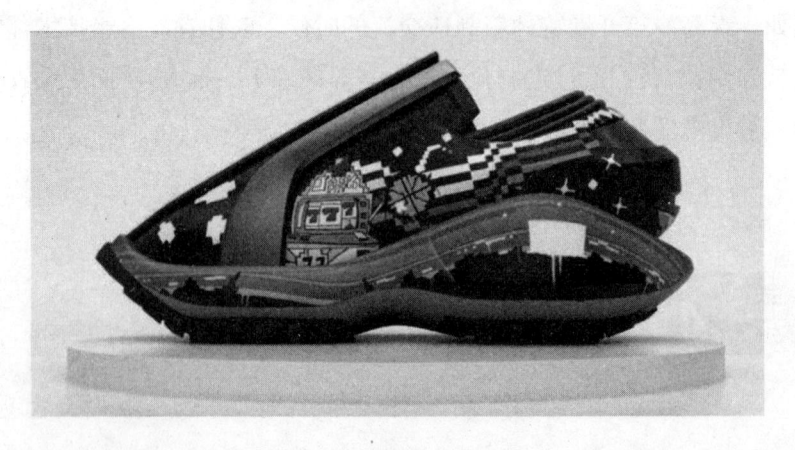

图 5-1 虚拟球鞋（图片来源：RTFKT Studios 官网）

图 5-2 马斯克同款 CYBER SNEAKER 虚拟球鞋（图片来源：RTFKT Studios 官网）

5.4.2 品牌公司的行动

一些世界级品牌已经开始应用与元宇宙相关的概念、技术、产品。例如，企业允许客户上传自己喜爱的图片，将图片印刷到鞋子上。在销售过程中，服装企业利用电子设备将顾客选择的服装与顾客的形象合成在一起，进而促进顾客购买。一些高端品牌利用虚拟人进行展示和营销。这些案例都充分利用了新理念、新科技，能为客户提供更好的沉浸感、真实感、艺术感，从而引领新潮流，获得流量，带动规模性销售、高溢价销售，进一步强化品牌在消费者心目中的地位。

2021 年 11 月，在英伟达举办的 GPU 技术主题研讨会上，三维家产品总监介绍了基于英伟达的 GPU 产品和人工智能技术打造的工业软件矩阵，该产品能提高设计效果图的视觉水平，如图 5-3 所示。

图 5-3　光追实时渲染方案效果（图片来源：三维家）

5.4.3　构建品牌

企业需要确立自身的品牌战略，比较好的模式是分析细分领域的客户，选择典型场景，确立其强需求，从而确定自身的品牌定位。例如，一家著名的电商平台推出了一款智能开关，这个电商平台在宣传产品的时候表示，用户在办公室工作的时候，可以通过智能开关把家中处于待机状态的电视机关掉。显然，这个场景的冲击力不够大。后来有人提出以下场景，用户可以在回家的路上提前把家中的空调打开，那么炎炎夏季，进门就是一片凉爽，显然，这是一种很好的场景。

5.4.4　品牌建设路径

对于元宇宙，企业不要盲目投入，而要理性思考，从战略层面制定规划，利用元宇宙概念、技术、产品改进自己的业务，为客户带来更好的产品与服务。

从数字化、智能化到虚拟化，技术也在不断升级。企业掌握技术有多种方法，如培养自身的技术人员，进行技术采购。

元宇宙是个极为宏大的框架，每个企业都要有自己的核心竞争力，而对于一些不擅长的业务，外包是一种传统模式。在元宇宙时代，由于理念、技术、产品还存在着巨大的不确定性，因此企业要寻求专家和智库支持，建立大量的合作关系，协同探索，群策群力，形成联合体。这样可以控制成本，形成根据地模式，促进新业务的成熟化、规范化。

打造世界级品牌不是一蹴而就的。企业要通过接力式创新，针对热点领域的细分领域做规模化投入，形成一家之言，真正成为细分领域的世界级品牌。有了大量细分领域的、世界级品牌，我国的工业就可以实现整体做大、做强。

对于元宇宙，工业企业应该寻找基本规律，在这次新的革命中找准自身的定位，设置好方向，坚定前行，积极探索，从而在新的市场中为自身赢得一片美丽的新世界。

第6章

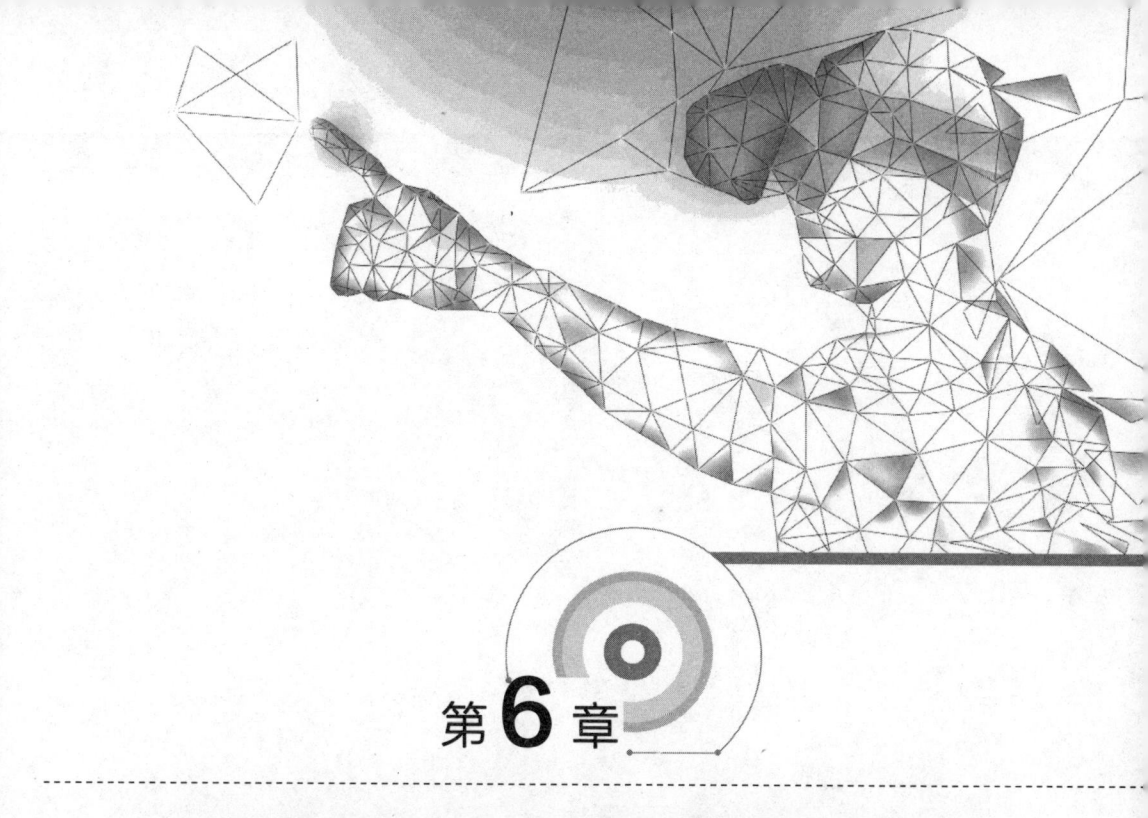

工业元宇宙的营销新模式

6.1 概论

企业确立了目标市场及品牌战略后,就可以开始实实在在的市场营销工作。企业的营销工作通常由市场部门和销售部门共同完成,市场部门负责市场规划、品牌建设、广告投放、营销活动等内容,而销售部门则针对具体客户进行展示、交流并完成最终的交易。在元宇宙时代,企业与客户之间不是简单的交易关系,而是长期合作关系,甚至可能构成商业生态共同体。

6.2 营销策划与开展

在元宇宙时代,企业的营销工作和以往有着很大的不同。例如,受疫情影响,企业的线下活动被大量取消;由于平台收费过高,占销售额的比例太大,企业难以承担,因此企业需要自建流量;客户需求越来越多元化、个性化,而且频繁变化,因此企业要有足够的柔性,充分利用虚拟人、人工智能等手段,提升企业的营销服务能力和服务水平。

6.2.1 平台、场景与内容

在元宇宙时代,企业的营销活动首先要考虑的就是场景的变化,而场景往往又是基于平台的。

2021年9月,巴黎世家与《堡垒之夜》合作推出系列服装,挑选了游戏粉丝最喜欢的4个游戏角色 Doggo、Ramirez、Knight 和 Banshee,搭配上巴黎世

家的经典作品,让玩家以独特的方式表达自己(如图 6-1 所示)。

图 6-1　巴黎世家与《堡垒之夜》的合作

Burberry 与《王者荣耀》合作为人气女英雄"瑶"推出"自然之灵"新皮肤和"森海之灵"星传说皮肤,将 Burberry 经典元素融入游戏角色中(如图 6-2 所示)。

图 6-2　Burberry 与《王者荣耀》的合作

耐克在 Roblox 的沉浸式 3D 空间内创建了 Nikeland(如图 6-3 所示),建筑和场地灵感来自耐克现实生活中的总部,用户可以和朋友一起参与各种小游戏,还能自己创作游戏。Nikeland 的数字展厅中陈列了多款耐克虚拟产品,可供用户自由搭配。

图 6-3　Nikeland

2022 年 3 月 30 日，蓝色光标旗下的"蓝宇宙"营销空间正式入驻百度希壤，成为国内首个"元宇宙营销空间"，这是蓝色光标与百度希壤达成合作伙伴关系后，赋能营销新形态的首次重磅官宣（如图 6-4 所示）。

图 6-4　"蓝宇宙"营销空间

6.2.2　虚拟人代言

虚拟人在元宇宙中是一个异军突起的赛道，不少品牌公司利用虚拟人进行营销代言、服务，树立虚拟偶像，制作自然人的数字分身。

在虚拟人的应用中，以黄仁勋在 2021 年 4 月举办的 GTC 峰会上 14 秒钟的虚拟人事件最为出名，由于视频中黄仁勋的形象过于逼真，引发了大众对于虚拟现实、AI 换脸等技术的诸多讨论（如图 6-5 所示）。"黄仁勋骗过了全世界"

一度登上热搜榜。

图 6-5　黄仁勋虚拟人事件

花西子推出品牌虚拟形象——"花西子"，其被赋予带有品牌特色的东方美（如图 6-6 所示）。整体形象灵感来源于北宋文学家苏轼的《饮湖上初晴后雨》，耳上的莲叶装饰、手持的并蒂莲都源自花西子品牌之花，头发上挑染的一缕黛色则为花西子品牌色。

图 6-6　虚拟形象"花西子"

2022 年 1 月 1 日零点，蓝色光标发布首个数字虚拟人"苏小妹"，这既是蓝色光标元宇宙战略的标志性落地，也将开启蓝色光标虚拟 IP 业务的全新布局（如

图 6-7 所示）。作为"第一个在元宇宙里苏醒的虚拟古代人物","苏小妹"以传说中苏东坡的妹妹为创意原型，旨在利用虚实结合的创意复新、传承传统文化，让传说中的人物在数字世界里苏醒、焕新。

2022 年 3 月 8 日，蓝色光标旗下全资子公司蓝色宇宙发布全新虚拟人形象——K，这是蓝色光标发布的第二个超写实虚拟人（如图 6-8 所示）。与主打国风市场、发力虚拟文创产业的"苏小妹"不同，K 拥有酷飒的外表、摇滚的气质，充满女性力量又不失女性魅力。据悉，蓝色光标将继续加码虚拟 IP 业务，通过自营、联合版权、独家经纪约等模式，构建虚拟 IP 矩阵，提升虚拟人在电商交易、文化娱乐、品牌营销等场景的应用落地。

图 6-7　虚拟人"苏小妹"　　　　图 6-8　虚拟人 K

6.2.3　营销活动

进入元宇宙时代，活动策划应逐渐从"品牌主导"转向"客户需求主导"。作为"网络原住民"，年轻的客户群体更加认同元宇宙的"去中心化"，以往活动中单一的概念灌输式玩法，已经不能捕获年轻人的认同感。当然，并不是说让品牌放弃自身的个性，顺从客户，而是要在各类活动策划中充分考虑品牌的特色如何抓住客户的认同心理。

基于这一点，可考虑在活动的主题选择方面寻找"精神认同感"，在实现方法上融入"独特个性分享"，从而实现客户心理层面的满足，展示与众不同的标签。

1. AMX×Soul App：0压元宇宙，失重来袭

第一时间蹭热度，一瓶酸奶把元宇宙概念玩进了年轻人的社交圈。打造"失重酸奶"概念——联名 Soul App——线上动画邀请函/线下地铁车厢破次元 0 压力舱（如图 6-9 所示）。

图 6-9　AMX×Soul App 营销活动

作为年轻人喜欢的"新一代健康酸奶",AMX推出0蔗糖配方,让身体0压;深耕年轻人的社交元宇宙Soul App,帮助年轻人轻松找到高维空间距离自己最近的一群人,鼓励灵魂社交,无压力表达,让心灵0压。AMX的IP形象Amoo是一名次元探索家,可自由穿梭不同次元,探研酸奶宇宙的无限可能,具有特殊的次元召唤技能。Soul App的IP形象"魂淡君"能带领年轻人进行灵魂匹配,找到属于自己的无压力的社交元宇宙。

2. 海昌海洋公园联合Soul App策划元宇宙相关营销活动

海昌海洋公园携手Soul App打造的"打开年轻社交元宇宙"主题活动,目前圆满落幕。活动上线后48小时有超过14万名年轻用户积极参与互动,曝光量破亿。市场分析人士称,Soul App在年轻人中有着较高的人气,海昌海洋公园与Soul App联手打造的主题活动,拥有更沉浸、更丰富、更立体的全新娱乐社交场景。海昌海洋公园活动策划人表示:"海昌海洋公园联合众多广受年轻人喜爱的品牌与IP,希望打造一场集氛围感和互动体验感于一体的热点活动。"

3. 百变蓝盒子:强运营赋能元宇宙营销

蓝宇宙作为国内首个沉浸式、商业聚合的元宇宙营销空间,一经上线就受到了各方广泛关注,其吸睛的外形设计和有趣的运营方式更是俘获了元宇宙居民的心(如图6-10所示)。自2022年3月30日上线后,蓝宇宙共吸引110万名用户前来围观、浏览,其中有近50%用户进入蓝宇宙商业街,参与体验的用户平均停留时长超过6分钟。

如果以微信公众号文章做对比,那么蓝宇宙一日就达到了10万阅读量,获得50%的用户点赞,而停留时间相当于阅读3000字的长文章。元宇宙的魅力不言而喻。

图 6-10　蓝宇宙

2022 年 4 月 20 日，蓝宇宙在希壤上完成首次"变身"，帮助安踏在希壤世界中成为一道亮丽的品牌风景线（如图 6-11 所示）。与此同时，以运营为长的蓝宇宙将开启商业街优惠券领取互动，这也是希壤首次开启品牌优惠券功能。蓝宇宙商业街 5 家首期入驻品牌——安踏、金茂酒店、东风标致、善酿者肆拾玖坊、嘿哈啤酒也将陆续为消费者带来全新的元宇宙体验之旅（如图 6-12 所示）。

图 6-11　蓝宇宙完成首次"变身"

未来，随着百度希壤版本的不断更新，蓝宇宙还将陆续开放玩家任务系统、积分兑换神秘礼品、站内跳转购买等更加便捷的新功能，为品牌及消费者在元宇宙时代建立全新互动连接。

图 6-12　入驻品牌

6.3　销售流程与场景

6.3.1　内容准备

进入元宇宙时代，平台越来越多，频道也越来越多。在内容和形式方面，以往只有文字，后来有了图片和视频，现在又有了虚拟人，这些可以说是内容与形式的提升。

在内容方面，企业要结合自身特点、产品特点，转换视角，不仅要思考自身产品的构成、功能、特色，更要深入思考客户的需求，要将企业产品的卖点转换成客户的买点。对于有意向的客户，还要分析客户的购买力。从产品的角度来讲，企业要宣传产品的性能和卖点。企业可以构造一个好的故事，然后结合当前热点事件，或者自己创造热点事件，使自己的产品和服务也成为热点。针对这个热点，再结合虚拟人等技术在新的元宇宙平台上以有特色的形式展示出来。

不仅要将用户需求表达出来，而且表达的形式要不断进化，如从草图到三维模型，甚至虚拟样机。例如，东江模具（深圳）有限公司采用瑞欧威尔 HMT-1 头戴计算机搭载 RW-Expert 构成远程沟通系统，开启了疫情之下的数字化营销新模式，公司技术人员直接与分布在全球各地的客户建立联系，通过远程视频方式，展示、交流、讨论、改进制造模型，进而实现实物的按需生产，不仅缩短了交流周期，而且避免了错误生产造成的原材料浪费，提高了生产准确性。

6.3.2 内容展示

南通工学院曾经设计出一种新型机床：平面三滑块三自由度虚拟轴机床。他们希望南通机床厂支持，给予科研经费，并试生产出一台样机。图纸绘制完成后，他们跟南通机床厂的厂长多次交流，厂长每次都说好，但就是不提给经费。后来在作者等人的参与下，他们完成了机床的三维模型。将三维模型提交给厂长看后，厂长说："都可以做到这种程度了，那应该没什么问题。"于是，南通机床厂拨付了 30 万元费用，并推进机床样机生产。

6.3.3 客户体验

元宇宙强调沉浸感和真实感，不仅要有视觉感受，还要有味觉、嗅觉、触觉感受。举个例子，某公司有一位销售人员业绩十分突出，公司领导让他介绍经验，他说："咱们公司卖安全玻璃，我每次去见客户时，除了带玻璃，还带把锤子，当着客户的面，我用锤子砸玻璃，让他看到我们的玻璃是安全的。"公司其他员工照此学习后，业绩大幅提升。过了一段时间，这位销售人员的业绩又脱颖而出。公司领导再次让他介绍经验，他说："我还是带玻璃和锤子，但是我把锤子交到客户手上，让他自己砸。"

显然，感受也是分层级的，听销售人员说、看销售人员动手、自己动手，感受的力度明显不同。现在很多大卖场、超市都采取让客户直接接触、感受的模式，而且已经形成了潮流。但是，广泛来看，这种模式还有很多需要改进的地方。例如，一套软件让客户实际操作，客户很容易因为不懂而导致操作不下去，或者出现小漏洞，导致客户印象很差。所以，应该先给客户讲明白基本理念与方法，再做实操。例如，设计一个简单的流程，让客户可以轻松上手，完成操作，进而促进销售的达成。

6.3.4 客户交互

资阳内燃机车厂在参与一个美国项目的招标时，针对美方提出的原有产品存在局部缺陷的情况，根据美方提供的产品图纸进行建模，并利用有限元软件进行仿真分析，结果得出的缺陷情况与真实缺陷情况一致。资阳内燃机车厂进而优化了产品设计，并采用有限元分析软件进行仿真分析，得出了一个可行方案，最后赢得了订单。

作者在戚墅堰机车车辆厂工作期间，工厂曾与美国一家客户洽谈，该客户希望我们为他们生产摇枕、侧架，但对产品有重量要求，能不能满足要求是个问题。于是，我们通过三维造型软件，针对图纸进行建模，完成三维模型后，通过计算得出重量可以满足要求的结论。最终，工厂拿下这个订单并顺利完成。

株洲车辆厂曾经承接过国外客户的铁道车辆生产订单，客户到车辆厂进行现场考察时，车辆厂向他们展示了厂里采用的 ERP 系统，通过该系统可以了解生产情况，结果客户很惊讶，认为超出了自己的想象，直接就签了合同。

雷克萨斯（Lexus）开展了应用瑞欧威尔 HMT-1 头戴计算机和增强现实/远程沟通系统的创新试点项目。该解决方案是通过瑞欧威尔经销商合作伙伴 Barcotec 的 ESSERT 数字管理平台实现的。客户将不再需要"与服务人员一起站在汽车下或俯卧在发动机舱内，能最大限度地降低安全风险并为客户提供更多舒适感"。通过 HMT-1，服务技术人员与客户之间可以进行有效的信息沟通，确立汽车的维护方案，从而提高了客户满意度。

未来，越来越多的产品将会从大规模生产转变成小规模、多样化生产，而不确定性也会增多。针对此情况，企业要提供一个平台，让客户可以更好地参

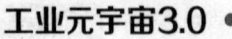

与，从而实现双赢。

6.3.5 促进成交

先进技术的应用可以使企业获得竞争力。德国一家著名的电动工具生产企业想在中国寻找合作生产方，浙江诸暨的一家电动工具生产企业在获知消息后的第 28 天向德国企业来中国考察的工作人员提交了仿造的电动工具、相关说明及报价清单。德国企业非常惊讶于这家企业的能力，在看完上述资料之后，当即决定合作。这家企业能赢得订单，有两个主要原因：第一是使用了当时在国内刚刚得到应用的 Pro/Engineer 三维设计软件；第二是电动工具外壳是整个电动工具设计生产过程中最复杂的部分，为了缩短时间，企业采用快速成型技术，也就是现在大家都熟悉的 3D 打印技术，用 ABS 塑料生产出电动工具外壳。元宇宙作为一种理念，其核心是虚拟化，工业产品的虚拟化要达到可制造的水平，就必须使用先进的三维设计软件。除了采用三维设计软件和快速成型技术，这家企业还与上海交通大学 CIMS 所合作，从而可以应用当时最先进的技术，最终与客户成交，并为企业的跨越式发展奠定了基础。

6.4 销售能力的提升

1. 元宇宙是个工具

可以把元宇宙简单地理解成工具或基础设施。以如何更好地和客户交流的思路选择相关的软硬件设备，包括网络系统等。例如，以往见客户带个笔记本电脑即可，现在增加了投影仪和大屏幕，还可以配备 VR/AR 设备，甚至虚拟人。

2. 从客户的角度思考销售

对于销售来说，成交是最后的"临门一脚"，至关重要。进入元宇宙时代，要以正确的思路推进销售，要扩大思考范围。其中最重要的一点就是要弄清楚客户的费用从哪里来，周期如何，额度多高。这里通过一个真实的案例来说明。某企业的销售人员去学校推销刷卡机，结果学校的校长说现在没钱。这位销售人员思考一阵后对校长说："我给你出个主意吧。学校可以利用刷卡机预收饭费。这样既方便了学生，又获取了费用，皆大欢喜。"这位销售人员因此成功地售出了刷卡机。

3. 元宇宙是个支持平台

作为一个营销人员，对企业自身的产品、服务，乃至竞争对手和行业情况、政府的法律法规等，都要有深入的了解。

销售人员如果不能很好地回答客户的问题，很可能就会失去这个客户。例如，作者的一个朋友打算购买一辆新车，他去一家汽车4S店选购，销售人员给他介绍新车的时候提到车上有一个USB接口，具备信息交互能力。作者的这位朋友对此很感兴趣，希望多了解一些信息。但没想到的是，这位销售人员在车上足足找了五分钟，也没找到他所说的USB接口，作者的朋友只能摇头离开。

第 7 章

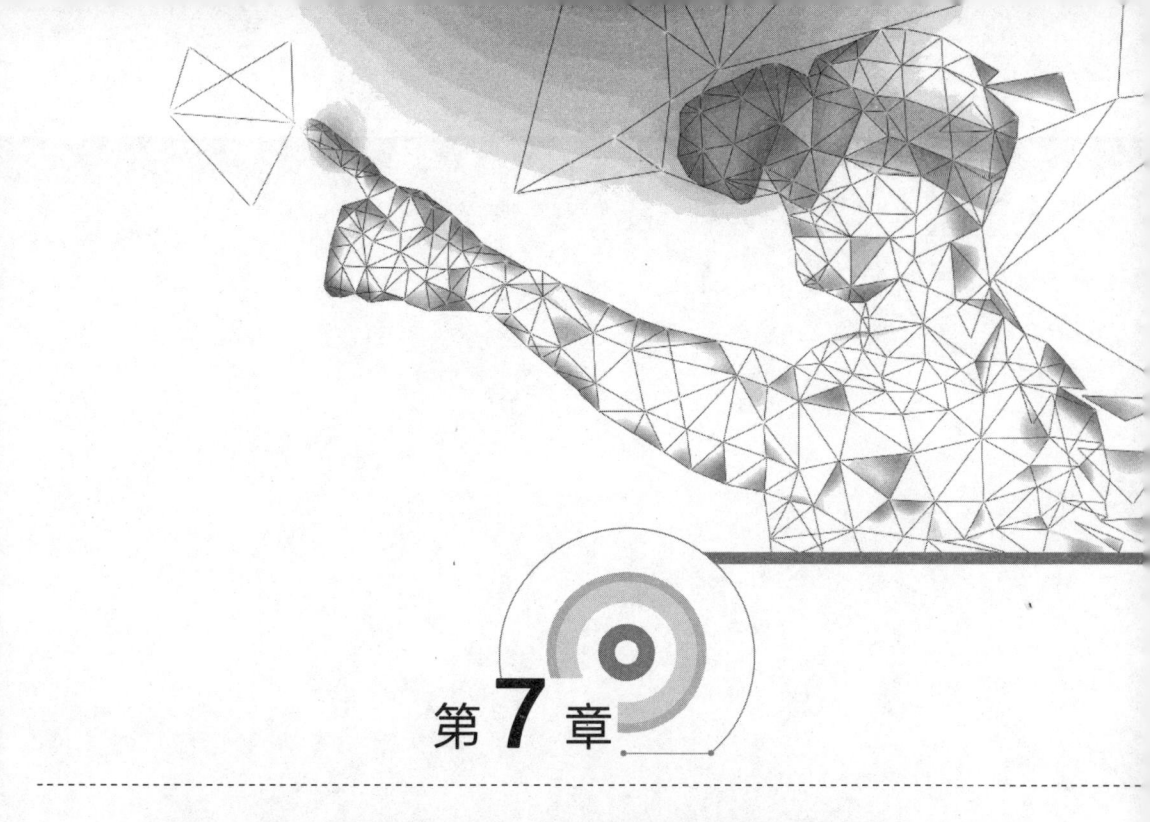

工业元宇宙时代的产品创意与设计

7.1 概论

工业产品相对复杂，涉及多个领域，因此产品的设计是一个复杂的过程，在逻辑上要符合外部多样化和内部标准化的过程，要综合考虑产品交期、产品质量、成本与服务便利性。在元宇宙时代，工业产品的设计更强调个人的创意，既包括客户的创意，也包括企业领导和普通员工的创意。在虚拟化阶段，有草图、二维图、三维模型、分析模型、加工模型等，而进入实际生产阶段，有原型产品、初步设计产品、定型产品等。在工业产品的设计中，要考虑多工况和日益复杂的应用场景。工业产品往往有着较长的应用周期，因此需要相应的维护保养和报废过程。在产品设计阶段，不仅要考虑正常使用的情况，还要考虑一些极端情况，以及出现安全问题时的紧急处置方法。

7.2 以客户为中心的产品设计

工业企业以往的工作流程是设计、制造、销售，现在则要变成销售、设计、制造，也就是将销售排在第一位，有了客户的需求才开展工作流程。现在的产品开发更强调销售、设计、制造、使用的一体化研究。在以往的设计过程中，设计者往往出于改进产品功能与性能的目的，根据经验、市场调查、书本上的知识、网络信息来设计产品。传统的产品开发过程是概念设计、初步设计、详细设计、生产销售、产品运行和服务。而现在的设计模式可以让客户深度介入，直接进入详细设计阶段，通过提供产品预期使用的现场数据，构造更为完整的、

精细化的产品模型，并通过交流与改进，最终形成客户可接受、企业可生产的设计结果。例如，特斯拉通过其线上设计工作室，允许客户自定义车辆配置，使客户可以直接参与到车辆的设计过程中，极大提升了客户满意度和品牌忠诚度。

以前，由于基础能力问题，企业很难及时、全面地获取客户方面的相关信息，而现在通过互联网、物联网、移动网络，企业可以获取大量的现场数据，然后结合客户的需求进行产品的设计。在设计过程中，也可以邀请一些专家参与，这些专家既可以是企业内部的专家，也可以是客户方面的专家，既包括行业内专家，也包括跨行业专家。专家们可以通过信息系统，利用 VR/AR 技术、智能翻译技术、人工智能技术和统一的平台，实现高效交流、协同合作。例如，西门子通过其开放式的物联网操作系统 MindSphere，允许第三方专家和合作伙伴加入到产品设计和优化的过程中，增强了产品创新能力。

7.3 数字化设计

进入元宇宙时代，数字化设计、仿真分析将得到普及。数字化设计包括二维设计和三维设计。数字化设计强调设计的精准性。目前在我国的工业产品设计中，二维设计已得到普及，三维设计虽然已经大量使用，但还未达到普及的程度。

相对于二维设计，三维设计能提高精确性、减少错误，同时利用三维设计可以获得产品的物理属性数据，从而为进一步的有限元分析和加工提供基础。另外，在元宇宙时代，随着网络能力的提升，三维模型也可以更好地让相关人员感知产品，尤其是可以让客户理解，进而促进交易。例如，波音公司在其飞机设计中广泛使用三维设计和仿真技术，通过建立数字孪生模型，能够在虚拟环境中进行测试和优化，从而大大缩短了设计周期，提高了产品质量。

例如，作者所在企业在开展三维设计工作时，针对一个重要部件根据图纸进行建模，结果发现该部件缺少一个尺寸，而设计师开始时认为这不可能，因为该部件已经投入生产，但是经过认真审核后发现确实缺尺寸。缺一个尺寸仍然能够生产，显然是生产人员将尺寸补全了，但他没有将问题反馈到设计部门。这往往会带来产品质量方面的隐患。

数字化设计要注意产品底层数据的提取、处理与分析。例如，某企业曾经开发了一个机车重量均衡计算项目。这个项目的目的是使车架上的各种零部件均衡布置，保证机车的重心位置合理。当时采用的是二维设计软件 AutoCAD，在设计时将零部件统一编号，附加上零部件的重量，作为图块，根据总体要求在车架上进行布置定位。编制的程序可以批量化地把图块数据提取出来，包括零部件的编号、名称、重量等，从而快速进行重量均衡计算。

在一家汽车生产企业中偶尔会出现设计更改的问题。例如，设计部门将发动机的三维设设计模型传递到工艺部门，工艺部门开展工艺设计工作后，设计部门又做了一定的改进，提供了新的三维设计模型。这时，工艺部门就面临一个问题：是在原来的工艺模型基础上修改产品，还是在新的设计模型上重新进行工艺设计。以往，工艺人员选择在工艺模型上修改产品数据，而依据是设计部门提交的更改单，结果发现更改单上标记了两处更改，而实际模型更改了三处。解决这类问题的方法是对产品数据做数字化、精细化管理。例如，从模型底层抽取出特征数据，通过两个模型的对比来检查差异。进入元宇宙时代，借助英伟达推出的 Omniverse 平台，采用协同设计的方式，可以让类似问题得到显著改善。

7.4 仿真分析

仿真工作可以覆盖企业的全部工作流程，而在设计阶段最为重要，可以对产品的各种使用工况进行仿真。进入元宇宙时代，随着算力的提升、软件的规

模化应用，软件的价格逐渐降低，资源消耗逐渐减少，因此企业可以普遍实施仿真分析。

通过仿真分析可以在真正制造之前模拟产品的使用情况，甚至是一些危险的情况，如通过汽车碰撞试验，检验其功能、性能的响应正确性。而且，通过仿真分析可以对新设计的产品进行优化，从而在生产之前减少问题，甚至消灭问题，从而提升一次性制造成功率。

对产品的工艺设计、加工设计也可以进行各种模拟，如模拟刀具加工路径，分析是否会出现碰刀等问题，并且可以用可视化的方式予以呈现，从而让人更好地感知，保证制造工艺的合理性。

另外，需要注意的是，在元宇宙时代，产品的应用场景会日益复杂，因此企业需要针对意外情况进行基础储备。例如，产品信息不仅包括设计数据，也包括有限元分析模型、基本的场景预设，乃至计算的规则模型，必要时可以结合数字孪生，快速构建出仿真模型，进行仿真分析，从而真正掌握现场状态，预测发展趋势，制定应对策略。当然，对于应对策略也可以进行仿真分析，并快速优化，从而制定出真正高效、合理的处置方案。

7.5 自动化和智能化

提高产品的设计效率，需要提高标准化水平，首先是零部件的标准化，也就是产品中要尽量采用已有的零部件。其次，产品的设计过程、工艺的设计过程、加工过程都要考虑标准化。对于规模化生产模式，实现了标准化，就可以采用自动化方法来提高生产效率与产品质量。对于具有不确定性的部分，可以采用智能化方法来完成；对于最重要的部分，则由人工来完成。例如，产品中有85%的标准零部件，有5%的零部件可以实现自动化绘图或者自动化建模，有5%的工作可以通过人工智能完成，剩下5%的工作则需要人工完成。

例如，在上海世博会期间，从中国馆到演艺大厅采用的是复合板的墙与顶。生产企业拿到的是基于Excel表格的设计数据，需要将这些数据转换成切板机可以识别的图形数据。原先一位工程师一个小时才能完成一块板的处理工作。企业发现识别这种模式效率太低，而且不能满足组委会的进度要求，于是联系作者开发程序，实现根据板材尺寸在AutoCAD中自动绘制出图形。操作模式如下：工程师在Excel表格中选择一条板材数据，然后在AutoCAD中点击绘图菜单项，即可生成图形，将图形文件传给切板机，就可以开始加工。

企业面对的客户往往很多，信息化水平也参差不齐，因此可以采用人机结合的模式开展工作。例如，上海美声服饰辅料有限公司曾经开发了客户订单数据向生产数据的转换平台，这个平台可以实现大部分客户订单数据的自动化转换，少量订单在自动化转换的基础上，需要人工再次处理，极个别客户订单则完全由人工处理。这种模式大幅提升了订单数据的处理效率，而且影响了整个行业的发展，使得越来越多的客户采用标准化数据格式的订单模式。就效果而言，原先产品的交货周期是一个月，后来压缩到了7天，紧急订单三天内就可以完成，而企业加工设备、人员数量并没有大幅增加，企业产值在平台投入应用一年内就由2亿元提升到7亿元。

7.6 优化设计

在产品设计过程中，在数字化和自动化的基础上，还需要大量使用优化设计的方法，这些方法往往因为工作量大、过于复杂，无法由人工完成，因此需要利用计算机系统和智能化方式完成，也就是通过计算机模拟人的思维过程来分析处理不确定性问题。优化设计根据具体场景，可以以人为主，但在元宇宙时代，随着算力、大数据、人工智能的发展，越来越多的工作会采用以机器为主、以人为辅的模式。

进入元宇宙时代，随着算力的提高，可以充分利用信息系统来优化产品。优化设计一般是构建数学模型，以数学规划为基础，根据设计的性能指标设定目标，确立约束条件，利用计算机的高速运算能力和系统的优化算法来进行计算，获得最优设计方案。优化设计一般包含设计变量、约束条件和目标函数。目标函数是根据设计变量、模型所形成的产品性能参数，约束条件则是设计变量的取值范围，以及一些变量的关系。

优化的方法有很多种，这里介绍其中的三种，第一种是灵敏度分析。例如，对于产品结构进行尺寸灵敏度分析，确立尺寸的变化范围与变化的梯度，通过软件进行多方案运算对比，最终得到优化的设计方案。当然，在优化分析过程中，要分析系统是否收敛，优化的结果也需要检测。从计算机的优化结果看，有可能出现超出设计师以往认知的创新形态，从而获得创新的结果。当然，在优化设计中也需要确认优化计算方法的合理性，以避免长时间占用资源，却不能获得预期的结果。

第二种是拓扑优化设计。例如，在确定的工况下，设定位移、应力、重量的限制条件，通过软件的自动化运算来改进产品减重孔的位置、连接的形式、材料的厚度，同时满足强度、刚度等要求。

第三种是可靠性分析，主要研究导致薄弱环节的内因和外因，找出规律，给出改进措施和改进后对产品可靠性的影响。工业产品往往都存在疲劳问题，一般符合正态分布规律。根据产品的材料疲劳曲线、基本材料特性、制造公差范围等基础信息，计算多种场景（工况）下的约束影响，可以在设计阶段就预测产品的寿命，从而保证产品性能达到预期的要求。

用实际的产品、系统进行试验往往代价巨大，而且会有危险性，有些试验还是破坏性的，或者需要很长的周期，对试验的基本装备、资质等有很多要求，因此采用仿真的方法进行设计会越来越普及。通过仿真来优化产品设计，具体内容包括结构分析、动力分析、热分析、电磁分析、复合场分析、加工仿真、生产管理系统仿真等。工业产品往往涉及多学科、多场景，因此需要综合利用更多的资源，应对复杂问题。进入元宇宙时代，工业产品的种类将日益增多，需要通过多学科的充分探索、分析与优化来提升产品的功能与性能。

7.7 协同设计

在工业产品的设计过程中，沟通与协同无处不在。工业产品的生产往往采用产业集群的形式，客户与企业之间、多个企业之间都需要协同。例如，设计师与工艺人员之间的协同，企业人员与供应商之间的协同，企业人员与客户、消费者之间的协同。企业与政府管理部门之间也需要协同。进入元宇宙时代，为了改善协同效果，协同的内容与形式有了很大的变化，例如，从原先的视频会议、查看图纸和模型变成利用统一的平台（如英伟达的 Omniverse）来协同设计。在数字化技术方面，深化应用三维设计、装配模型、工业造型、仿真分析、优化设计等软件，利用先进的网络技术和展示设备，更好地展示、交互与体验，以获得更好的产品设计。

协同设计要有系统化的理念与模式，需要界定各个主体单位的关系，以及产品中零部件与整体产品的关系、零部件与零部件的关系，零部件如果是由多家企业供应的，还要有多家企业产品的标准化要求。为了满足这样的需求，形成整体的协同能力，企业就需要进行大量的基础工作。例如，上海通用就曾经采购上海思普软件信息技术有限公司的数据管理系统，提供给供应商使用，以促进设计的协同性改善。

曾经有个集团接到客户投诉，客户发现产品中使用的铆钉不是最初客户向集团提交的订单技术文件中规定的铆钉。而造成这个问题的原因是客户的技术文件被提交到集团总部后，集团总部的设计师没有将该项要求传递到具体的生产工厂，而生产工厂根据习惯采用了国内生产的铆钉，从而造成产品与客户的要求不符。后来，集团购置了产品数据管理系统，将客户的数据传递到集团总部，再由集团总部下发到工厂，确保原始数据传递到位。这种模式属于集团级

的协同，显然比单个企业要复杂，需要考虑完整性、时效性与有效性。

在协同设计的过程中，需要很强的基础性支持。例如，要有统一的平台，要实现流程标准化、数据标准化及管理标准化。

产品设计工作是需要持续改进的，如航天领域有小样、模样、试样、正样。

更大范围的协同在元宇宙时代更为重要。现在科技日新月异，企业需要积极探索，将新知识、新技能应用到企业生产过程中。例如，以前汽车悬架以焊接为主，后来出现了先高压成型，再焊接少量零配件的生产方式，这种方式大幅缩短了生产周期。管材加工以前采用手工成型，后来有了数控弯管机这样的新产品，使用后使管材的尺寸参数、公差得到了显著改善。以前普遍采用的减材制造模式，现在受到了增材制造模式的挑战。近些年，3D打印的应用越来越广泛，如快速生产模型小样，甚至直接制造产品。

7.8 内部集成化设计

企业在设计过程中需要考虑集成化。例如，设计图纸不仅要符合机械原理，还要符合企业的生产能力和成本要求。曾经有刚毕业的学生设计的轴上的销孔居然是长方形的，车间的生产工人看了直摇头。现在的企业普遍采用了ERP系统，那么在设计时就需要结合ERP系统来进行。

在集成化设计的过程中，企业要构建标准化体系。例如，进行产品设计时，要考核产品的标准化率。一旦使用了标准化产品，就意味着不再需要新的工艺设计、新的物料代码、新的加工代码等。集成化设计还强调数据的转换。例如，将订单数据和产品数据转换成制造物料表，物料表直接关联物料信息和工艺信息，从而形成新的工艺物料表、生产计划等。在设计过程中，实现基于数据的零件、产品的自动化绘图，设计数据向工艺数据的自动化转换，加工代码的自动化生成等。总结起来就是通过电子化、信息化、数字化，大幅降低不确定性，以自动化、智能化手段快速生成设计数据、设计模型，而其中少量真正需要创意的工作由人来完成，从而提升设计的效率与质量。

这里的设计不仅仅是产品的设计，也包括流程的设计、软件系统的设计。不同的行业和企业往往有着不同的特色，因此在元宇宙时代，能力提升也要有行业特色、企业特色。例如，ERP 系统讲求规范。企业的生产计划确定后，如果生产时出现物料不足，采取的策略是改变物料需求计划，重新发料。某服装企业生产毛衣，通常根据毛线的重量发料，而毛线的重量受温度、湿度影响很大，因此经常出现发料不准确的情况，导致企业的生产受到严重影响。但是，如果采取面向制造的设计，针对上述情况，就可以采取计划发料和实际发料的模式。系统会对实际发料设置一定的冗余量。当出现物料量异常的时候，如果在冗余量范围之内，操作人员可以简便地补料或者返料。如果超过了冗余量，则需要高级别领导的审核。显然，利用这种方式可以实现快速处置，保证生产的正常进行。

7.9 综合集成创新

现在的工业产品的应用过程往往跨越多个领域，如从以往的机电结合，发展到现在的软硬件结合、网络集成，乃至人机结合。

当风口来临的时候，企业如果能抓住，就会有快速发展的机会。而企业的发展靠的往往不是一种单元技术，而是综合集成能力。例如，浙江诸暨电动工具厂在德国博世在中国寻找合作制造方时，赢得了订单。该厂原先一年产值仅有 500 万元人民币，而对方一次性支付了 800 万美元的全款。有了这笔资金，诸暨电动工具厂就开始了跨越式发展。而其赢得订单最大的原因就是与上海交通大学 CIMS 所进行了合作。

华体科技利用工业元宇宙所涉及的相关技术，提出并实现了一种典型的工

业元宇宙综合集成创新案例。在基于RIM（Road Information Modeling）构建的城市道路场景方案基础上，创新打造交通元宇宙，将现实世界的交通道路及附属设施在虚拟端进行建模（数字孪生）、实现事件实时告警、业务快速流转，促进场景运营维护智能化。同时支持管理者用VR去沉浸式的体验实景交通在元宇宙的还原场景，通过大数据统计结果直观展示，辅助城市综合管理决策，增强城市综合管理能力、提高人民群众交通出行效率和生活幸福指数。

总结起来，工业企业生存与发展的核心除了产品设计水平、制造能力、制造水平以外，还要注重技术的综合集成运用能力，在设计引领的作用下，企业需要积极研究工业元宇宙，改进、优化自身的设计模式，提升设计能力，综合运用能力，真正做到产品设计、开发、集成、验证、上市的全生命周期管理。

第8章

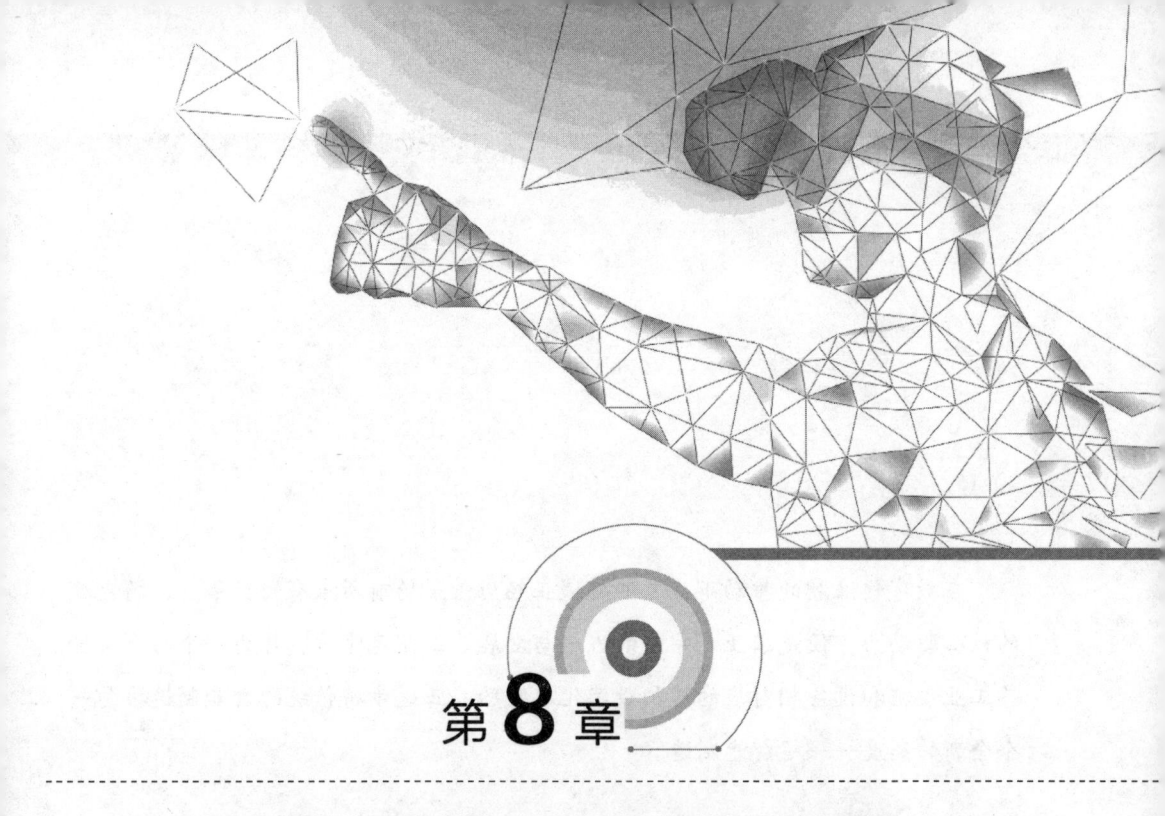

工业元宇宙时代的超智能制造

在数字化浪潮的推动下，工业领域正经历着一场前所未有的变革。这场变革的核心驱动力，便是工业元宇宙的崛起与发展。工业元宇宙，作为一个与现实世界工业设施和设备相对应的虚拟数字化双胞胎，正逐步将传统的智能制造推向一个全新的高度——超智能制造。

8.1 从智能制造到超智能制造

智能制造，作为工业 4.0 的核心概念，通过整合物联网、大数据和人工智能等先进技术，实现了生产过程的自动化、信息化和智能化。传统的生产流程在智能制造的引领下，变得更为高效、灵活和可控。然而，随着科技的不断进步和市场需求的变化，智能制造已经不能满足所有企业的需求。因此，超智能制造应运而生，成为工业领域的新宠。

超智能制造，是在智能制造的基础上，进一步融合了人工智能、物联网、云计算、大数据等先进技术，实现生产过程的全面智能化和自主化。与智能制造相比，超智能制造具有更高的自动化程度、更强的智能化水平、更广泛的互联互通和更深入的人机协同等特点。这些特点使得超智能制造能够更好地满足市场需求，提高生产效率，降低成本，推动企业的持续发展。

工业元宇宙为超智能制造提供了强有力的支撑。它通过实时采集、处理和分析工业设备和环境的数据，将其转化为虚拟的数字化模型。这些模型不仅反映了设备的实时状态，还包含了设备的历史数据、维护记录和性能指标等信息。这使得企业能够在一个平台上监控和管理各种工业设备，实现生产过程的透明化和可视化。例如，西门子在其数字化工厂中应用了工业元宇宙技术，能够实时监控生产设备的状态，进行预测性维护，从而减少了设备故障时间和维护成本。

在超智能制造的框架下，人工智能技术的应用得到了进一步的深化。通过先进的算法和模型，人工智能可以对生产数据进行深度挖掘和分析，为企业提供智能化的决策支持。例如，在质量控制方面，人工智能可以通过对生产数据的实时监测和分析，预测产品的质量趋势并及时采取措施；在设备维护方面，人工智能可以通过对设备的实时监测和分析，预测设备的故障趋势并提前进行

维护。这些智能化的决策支持不仅提高了生产效率和产品质量，还降低了生产成本和能源消耗。

此外，物联网技术的持续创新也为超智能制造提供了强大的支持。物联网技术通过将各种设备和系统连接起来，实现数据的实时共享和交换。这使得生产过程更加灵活、高效，能够快速响应市场需求的变化。同时，物联网技术还可以实现对生产设备的远程监控和控制，进一步提高了生产的自动化程度。

从智能制造到超智能制造的演变，不仅是技术进步的体现，更是工业领域创新发展的重要标志。这一演变不仅推动了生产方式的根本性变化，也为社会经济带来了巨大的效益。

首先，超智能制造通过高度智能化的生产过程，实现了生产效率和产品质量的显著提升。传统的生产方式往往依赖于人工操作和经验判断，容易受到人为因素的影响。而超智能制造则通过先进的算法和模型，实现了对生产过程的精确控制和优化。这使得生产过程更加稳定、可靠，提高了产品的质量和一致性。同时，超智能制造还能够实现生产过程的自动化和智能化，减少了人工操作的需求，降低了劳动力成本。例如，波音公司通过应用超智能制造技术，实现了飞机零部件的高度自动化生产，提升了生产效率和产品质量。

其次，超智能制造通过更广泛的互联互通和更深入的人机协同，为企业提供了更加灵活、高效的生产方式。在超智能制造的框架下，各种设备和系统之间实现了无缝连接和数据的实时共享。这使得生产过程更加灵活、高效，能够快速响应市场需求的变化。同时，人机协同的深入应用也使得员工能够更好地参与到生产过程中来，提高了员工的创造力和创新能力。

此外，超智能制造还推动了工业领域的绿色发展和可持续发展。通过先进的算法和模型，超智能制造能够实现对生产过程的精确控制和优化，降低能源消耗和废弃物排放。同时，超智能制造还能够实现资源的循环利用和再生利用，进一步推动了工业领域的绿色发展和可持续发展。例如，宝马公司在其生产过程中应用了超智能制造技术，显著降低了能源消耗和废物排放，提升了生产的可持续性。

随着技术的不断发展和应用的深入，超智能制造将成为未来工业发展的主流趋势。它将以更智能、更灵活、更高效的生产方式，引领工业领域迈向更加智能、绿色的新时代。为了实现这一目标，我们需要不断加强技术研发和应用推广，为超智能制造的发展提供强有力的技术支撑。同时，我们还需要加强人才培养和知识产权保护等方面的工作，为超智能制造的发展创造更加良好的环境和条件。

8.2 质量管理场景

在元宇宙时代，工业企业的质量管理要求会日益提高。随着网络技术的发展，对于产品信息和生产过程信息的掌控更为便利，可以通过信息化系统、远程监控系统及云平台实现一系列的数字化质量管理工作。

企业的质量管理数字化应用是逐步展开的，从产品质量控制到加工工序控制、远程工作协同、应用过程服务等。例如，随着我国铁路大提速，高铁列车停车时间变短，行驶距离变长，对于产品的质量要求就变得非常高。对于一些重要构件，一方面要广泛检测，并确定多种指标；另一方面要提升检测技术，发现产品的内在问题，进行有针对性的改进。例如，某企业生产的油漆耐久性不够，通过电子显微镜发现油漆微颗粒较小，而竞争对手的油漆微颗粒较大，于是该企业针对上述问题做了改进，使油漆的耐久性问题得到了很好的解决。

目前，统计过程控制（Statistical Process Control，SPC）软件在生产企业得到了大量应用，但其中不少应用流于形式。随着网络基础设施及相关软硬件系统的发展，企业与供应商之间建立起工业互联网平台，可以远程实现对生产过程数据的监控，从而保证生产过程仅受随机性因素影响，而且这种随机性因素影响比较小，而一旦出现系统性因素，则可以及时采取措施，从而避免批量性损失。

在产品检测方面，出现了远程检测、非接触式检测等。例如，钢材铸造出来以后要送到分析室去检测，可以通过网络及时传递检测结果，从而缩短生产车间进行下一步工作的等待时间。在铁路道轨上安装摄像设备，当列车通过时进行拍照，采用人工与人工智能相结合的方式分析照片，检查是否有转向架零部件脱落，从而避免重大安全事故。检查柴油机的机油磨粒，分析其铁谱以及成分构成、尺寸、形态等，判断柴油机活塞与气缸的状态，从而提前发现问题。

从网络化应用的角度看，也有企业采用了平台化的管理模式。例如，将企业生产过程中出现的产品缺陷、客户要求整改的内容统一电子化、信息化，输入质量管理系统中，在完工检验前检查质量问题是否全部处理完，如果未处理完，则不能往下流转，从而有效保证有缺陷的产品不会流出企业。

进入元宇宙时代，质量管理越来越重要，从一般意义的合格品、良品、优质品的定性管理发展，到定量管理，而生产过程的管控实现远程化、数字化、智能化，将提高产品质量水平和客户满意度。例如，富士康通过其智能工厂中的质量管理系统，实现了生产过程的实时监控和数据分析，大大提高了产品质量和生产效率。

8.3 设备保障场景

在企业生产过程中，保障生产设备正常运行是非常重要的事情。以往，企业设备维护的基本模式是定期维护，或者出现故障以后再进行维护。而近些年，状态维护、预测性维护越来越多。这种模式基于大数据，结合人工智能，直接或者间接地获得设备的状态信息，然后进行分析。例如，在故障早期就可以发现问题并及时处理，避免故障扩大化，甚至出现意外的停机状态。根据设备的状态进行寿命预测，判断当前设备能不能顺利完成当前的任务，或者在工作之前预测设备能否完成下一轮工作任务。

设备维护包含三部分内容：第一是及时更换易耗品，如打印机的墨盒；第二是做维护处理，如机床有了磨耗，需要修正；第三是随着应用需求的发展，对产品进行升级或优化。对于工业产品而言，最为重要的是预防性维护，要通过传感设备对产品进行检测，分析产品的使用状态，发现早期故障，快速处置，避免问题扩大化。这种模式的基础是通过大量的检测数据形成知识库，并且结合人工智能进行状态判定和寿命分析。对于一些复杂的情况，可以联合专家资源，进行综合分析、评判，得出处置方案。

例如，通用电气在其风力发电设备中应用了预测性维护技术，通过实时监测设备状态，结合历史数据和算法模型，能够在故障发生之前进行维护，大大减少了设备停机时间和维护成本。

目前在企业设备层面，数字孪生已经有了很多应用案例，进入元宇宙时代，则需要将其升级到元宇宙模式，或者说数字孪生 2.0 版。例如，一台机床中的一个部件出现早期故障，可以通过数字孪生系统进行展示，如将故障部件显示在界面的最顶层，采用放大显示、红色显示或者闪烁显示，还可以结合警铃或者腕带振动，让人感知到。对于非持续性故障，可以设置警告框，在警告框中存储警告信息，避免未及时处置的维护需求被忽略掉。通过这样的模式来提升设备维护的时效性显然是有必要的，对企业的生产有着重要意义。

8.4 大规模定制

传统的工业生产模式是大规模生产，通过专业化分工来提升效率、保证质量、降低成本，使人类社会在物质方面获得了极大的发展。但是，大规模生产不是柔性的，牺牲了个性化需求。进入元宇宙时代，随着计算机网络、人工智能、三维设计、VR/AR 交互等先进技术的普及，多样化、小批量甚至个性化生产将成为可能。而这些聚合起来就产生了一种新的生产模式，即大规模定制。

大规模定制的基本思想就是外部多样化和内部标准化，这种生产模式的效率接近大规模生产，但其时间消耗和成本会略高于传统模式，不过因为可以满足客户的特定需求，所以客户愿意支付更高的价格，从而使企业获得较高的利润。

例如，耐克公司通过其线上平台"NIKEiD"，允许客户个性化定制运动鞋，客户可以选择鞋子的颜色、材料和设计，甚至可以在鞋上添加自己的名字。通过这种大规模定制模式，耐克不仅满足了客户的个性化需求，还提升了品牌价值和客户忠诚度。

对于企业而言，就需要构建起与大规模定制相适应的系统，通过这个系统更好地与客户交互，准确把握客户的需求，结合企业的柔性、智能化、人机合作的模式，实现超智能生产。

对于大规模定制而言，企业首先要做的是确立数据标准，通过内部标准化，减少重复性工作，从而提高效率与质量，降低成本。

例如，青岛红领公司是一家服装生产企业，目前已经实现了个性化定制。其主要改进措施包括增加产品的测量数据，在海外设立多个线下店，以员工辅助客户测量的方式保证测量数据的精确性。一套服装从面料裁剪开始就有一个唯一的标牌，这个标牌和衣料包相结合，衣料包在生产线上流动，工人扫描标牌，获得加工要求，然后进行加工。通过这种模式，青岛红领公司将一般定制服装的生产周期从一个月压缩到 7 天。

现在大多数企业都关注客户满意度。客户满意度的关键在于人，即企业员工。因此，企业要以人为本，发挥员工的积极性，为员工创造发展条件和创新条件，满足员工的心理和生理需求。在元宇宙时代，只有为客户提供高效、高质、价格合理的产品与服务，为客户创造价值，才能让客户满意，从而为企业创造市场机会。

进入元宇宙时代，随着基础设施能力的提升，生产制造将变得更为人性化，生产模式将发生巨变，企业员工也将更具创造力。例如，华为在其智能制造工厂中，通过应用元宇宙技术，优化了生产流程，提高了生产效率，并且实现了员工的高度参与和创新。

第9章

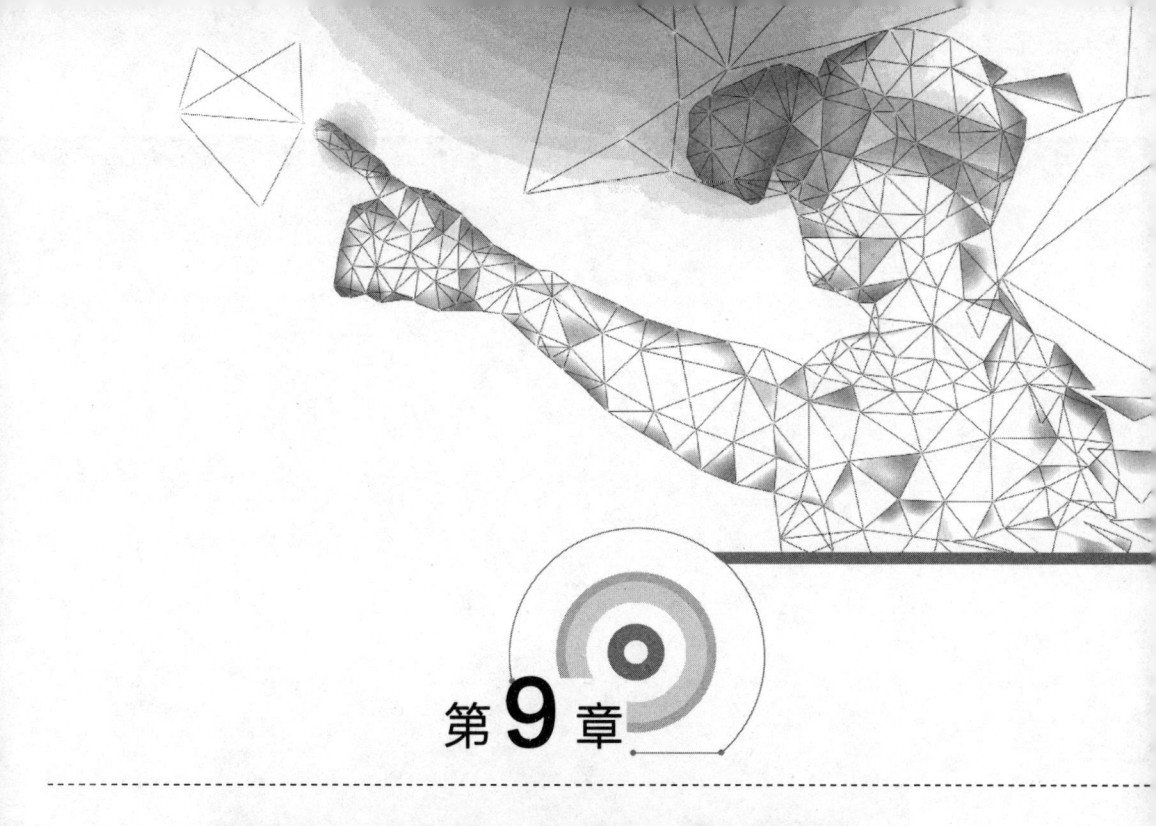

工业元宇宙的仓储与供应链优化

9.1 概述

工业企业的资源管理涉及人、财、物,其中的物主要包括原材料、中间品、产成品、废料,以及仓库、物料存放区等。在企业的智能制造、数字化转型过程中,已经采用了大量的信息化技术,取得了很好的效果,而进入元宇宙时代,要进一步优化相关理论,利用科技手段,从决策者、管理者、一线操作人员的角度考虑,实现集成化运作、管理与决策,从而不断创新,提升企业仓储、物流、供应链的管理水平。

9.2 库存管理场景

工业企业的库存是企业资产的重要组成部分,能否有效地管理库存直接关系到企业的竞争能力、经营能力,而将库存数字化、信息化、可视化,可以有效提升库存利用率和库存周转率,避免因库存不足导致的停工停产状态,使库存处于经济合理的水平,并大幅改进企业库存业务工作。

1. 科学管理企业仓储

企业需要规范库存管理模式,正确设置在手量、可用量、在途量、安全库存等数据标准,包括单位、时效性等。很多企业的运作已经实现远程化,信息的及时性、有效性就显得尤为重要。例如,某企业在实施 ERP 系统时,因为业务紧急,负责审批的人员不在,IT 人员便采用底层操作,开具了一张发货单,

结果货物从上海发到南京后才发现,本来一车就够的货物,因为单位错了,发了 5 车出去。再如,某企业总经理在日本与客户洽谈时,联系国内询问库存状态,国内库房人员告知库存足够,于是总经理与客户签订了合同,但等到他回国时发现,因为没有锁定库存,使得给日本客户的库存不足,最终导致企业赔款的结果。这个案例中问题的原因就是在手量和可用量没有规范设置。

前些年一直流行零库存模式,零库存对企业的生产管理、毛坯和零部件供应都提出了极高的要求。一旦出现供应数量不足或者质量瑕疵,往往就会对企业产生巨大的冲击。而管理策略管控不好,也会出现事与愿违的情况。例如,日本一家汽车配件企业采用零库存模式,一年以后对实施效果进行统计分析时却发现,虽然库存降低带来了占用资金的减少,但因紧急需求出现了大量航空运输订单,结果运输费用远超过库存降低带来的收益。所以企业一定要结合自身的实际情况来确立合理的库存管理模式。

对于企业中不同的人员而言,仓储管理模式是不同的。高层管理人员要抓大放小,抓主要问题。例如,一个企业实施了 ERP 系统,企业的信息中心经理向厂长提交物料库存信息,将 2000 多条物料数据全部打印出来了。但是,厂长并不满意。他要求将数据分成三类:第一类是占库存 80%的物料的相关数据;第二类是涉及安全的物料的相关数据;第三类是特殊物料的相关数据,如供应周期特别长或者需要进口的物料,这类物料的数据由人工指定。而信息中心经理经过筛选后,将物料数据提炼到不到 200 条。

2. 库存管控

在元宇宙时代,企业的库存需要以更好的方式进行表达。例如,某企业在项目生产过程中往往需要多备材料,而项目结束后,这些多出来的材料就成了库存,该企业的总会计师曾经数次向技术人员提要求,希望他们将库存材料消耗掉,并给予一定的奖励,但是收效甚微。针对此事,作者提出以下建议:材料毕竟在仓库中,技术人员了解库存状态的便利性不足,可以构建一套信息系统,在技术人员使用材料的时候展示库存信息。这种方式其实还不够直观,需要技术人员主动查询系统。假如库存量并不是很大，技术人员又在大开间的办公室统一办公，就可以在办公室的墙上挂一块大白板，用便利贴展示当前的材料库存。

适度提高时效性能有效实现库存管理水平的提升。例如，一个汽车企业的零件转运箱经常出现滞留的情况，后来该企业开发了一套转运箱管理系统，系统中有一项功能，就是定期生成转运箱位置报表，从而解决了转运箱滞留的问题。再如，某企业总经理在车间巡视时发现，某个零件相似的模具开了很多，他让技术经理想办法改进。于是，技术经理要求模具图纸统一管理，并采用信息系统管理，技术人员要尽可能利用现有模具。如果要开新模具，需要技术组长同意，高价值模具还需要技术经理同意。采取这种措施后，该企业一年就节约了400多万元模具费用。

3. 仓库业务

在库存业务操作及管理方面，企业要科学保管，以减少损耗，方便存取。例如，随着智能化技术的应用，库存的货品上增加了RFID标签，这样在盘点时就可以用非接触的方式快速点检（如图9-1所示）。再如，采用指示灯系统，当一张拣料单输出确认后，仓库中物料对应库架、库位上方的灯就会亮起，而物料拣出后，灯就会熄灭，从而大幅提高了拣货的效率。一些智能化仓库还设置了导轨、自动化小车，结合智能机器人，可以实现存储、移动、分拣、组合，从而提升物流配送的效率。

在企业生产过程中，生产现场同样存在库存运作与管理问题，称为线边库存，如图9-2所示。例如，当一个批次产品生产完成后，通过物联网、工业互联网、移动网络及时提交生产完成信息，通过看灯系统及时通知物流设备或者人员进行转运工作。如果缺料，可以通过设置库存看板，通知仓库人员或者智能设备及时补料。某企业就在仓库对面的墙上设置了对应各生产线的灯，操作工人在生产线上按下灯的开关，物流人员看到灯亮后就安排送料。对于生产过程中产生的废料，也可以采取类似的方式进行处理。这种方式通过专业化的分工、

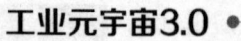

集成、综合，提升了仓储物流的效率。

图 9-1　利用 RFID 标签实现快速点检

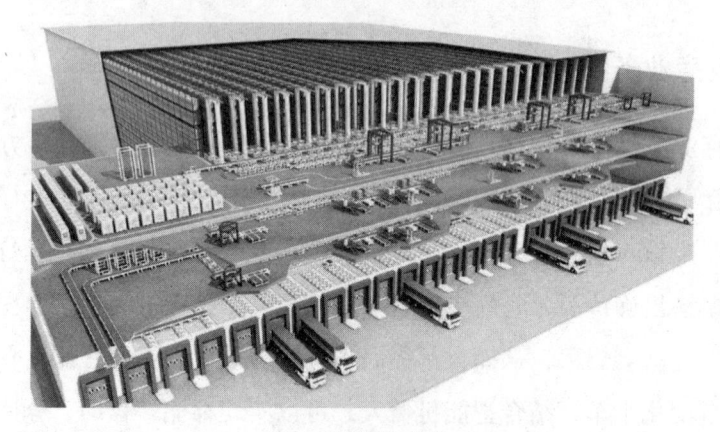

图 9-2　线边库存

综合而言，元宇宙时代的库存不仅仅是物理库存，还包括虚拟库存。在虚拟世界与现实世界的结合下，库存管理的智能化水平将越来越高，资源利用率将日益提升，运转周期将日益缩短。

4. 物流管控与优化场景

物流过程是个复杂的过程，在元宇宙时代，人们可以在虚拟环境下进行大型物流的规划分析，模拟环境、设备、货物，计算时间、效率、经济性，从而改进物流、设施设备的设计与布局,更好地利用运输设备空间、仓库空间等物流资源,高水平、低成本、低风险地完成物流规划的设计、试验与执行,并在此基础上持续优化。而在虚拟世界和现实世界中积累的数据、知识与系统,会更好地支持当前的物流运作,实现物流的效率升级。

5. 货品状态管控

元宇宙时代的物流场景包括货品状态管控。例如,在淘宝网购物后,消费者可以方便地利用手机了解自己购买的商品是否发货,目前到了什么位置。而在最后一公里运输中,智能快递柜发挥了很大的作用,商品被放置到快递柜中后,系统会将消息发送到消费者手机中。消费者还可以利用 App 实时查看快递员的位置,这样可以高效对接,为商品的精准配送创造条件。再如,在冷链运输过程中需要监控集装箱内部的温度,这些数据可以通过网络传输到云平台,用户、消费者可以随时查看,如图 9-3 所示。

图 9-3　冷链系统

6. 加强对运输设备与环境的管控

在运输的过程中,需要实时掌握环境与运输设备的状态。例如,汽车行驶遇到道路拥堵时,可以智能地确定多条路线,以及路线的优先顺序,在无人驾驶模式下可以自动执行,有人驾驶时则便于驾驶员选择。

随着技术的进步，物流的水平越来越高。例如，飞机的速度越来越大，载客量越来越大，铁路行业向高铁、电气化、重载、高寒、高海拔方向发展，汽车越来越多，轮船航线遍布全球。这些运输设备本身的价值和运输的货物的价值越来越大，因此保证运输设备的可靠性、安全性日益重要。例如，通用电气数年前提出的工业互联网就基于集成化的理念，强调打通信息流，实现硬件、数据、软件、知识的集成，从而实时监控发动机的状态，保证飞机的运行安全，优化能源消耗。铁路行业进行内燃机车柴油机磨粒的铁谱分析，从而更便利地检测柴油机活塞和气缸的状态。在高铁机车运行过程中，实时检测车轴温度，采用高速摄像技术采集转向架的照片，通过工作人员与人工智能相结合的方式，检查转向架的零部件是否脱落，从而保障机车的安全运行。

7. 产品指导生产

以往企业的生产加工过程中需要有加工信息，如生产计划、加工工艺文件，但是目前已经有一些企业采取了产品指导生产的模式，也就是根据生产线上到达的物料、零部件进行相应的操作。以青岛红领生产的定制化服装为例，每一件西服的加工模式是不同的，依照订单要求，在服装面料裁切后，构建一个材料包，材料包上有一个订单识别标牌，材料包在生产线上流动，到达每一个加工工位。工人通过扫描材料包上的标牌，确定如何加工。加工结束后，由于上衣与裤子采用不同的生产线，青岛红领采取了一种流水线智能匹配的模式，实现西装的配套，最后打包发运。这种模式有效地实现了定制化生产，相信进入元宇宙时代，这种模式会越来越多。

8. 增强人与物流的关联性

在技术方面，可以集成利用自动驾驶、仓储智能化系统、物联网系统、地图系统、人机交互技术，让人更好地感知运输设备状态、产品状态、内部和外部的环境状态。也可以利用智能化技术，实现综合管控。例如，系统监控车辆行驶时间，避免司机疲劳驾驶，并将数据通过网络传输到交通管理中心，实现远程管控、制度化管控,从而提升管控的综合水平。

9.3 供应链优化

工业企业的生产过程既是物料变换过程,也是数据变换过程。其中,企业与客户之间、企业与企业之间有很多可以优化的地方。进入元宇宙时代,要对供应链进行更大范围、更为精细、更为集中的管控。

1. 供应商协同

上海港机公司是生产港机设备的,它拥有自己的运输船只,因此相对于竞争对手,它可以更好地控制交期,这就为企业提升了竞争力,使企业赢得了很多订单。通过标准化,可以提升产品生产数量,减少差错,而且容易调度。以往由于信息不够畅通,企业与企业之间缺少交流,但是随着基础设施的发展,如网络设备、信息系统的集成交互,就可以实现产品的标准化。例如,中集集团的供应商曾经提出,有时锁杆订单需求很急,但是由于同一个集团的不同下属企业的产品不能通用,造成现有库存不能调度。该问题被提出来以后,中集集团通过集团技术管理部进行了改进,有效地解决了问题。

2. 客户协同

不同行业有不同的生产模式,其管理模式往往也不同。例如,一家服装企业采用了一套 ERP 系统,但是在系统实施的时候,负责发货的工作人员提出,按照系统的运作模式来处理企业的发货,根本就来不及。具体的问题就是由于毛线的重量跟空气的湿度、温度有关系,严格按照生产计划发料,经常会出现缺料的情况。对于这种情况,以往有两种处理方式:一种是企业内部补料;另一种是联系客户,说明情况,改变订单。但是这两种方式,都需要在 ERP 系统

中做大量操作，涉及多个人员，往往半小时都处理不完，因此企业认为系统不适用，要求下线。而另一家企业实施 ERP 系统，采取的策略是计划发料与实际发料相结合，设置差异的控制阈值。在出现如前所述的情况时，可以直接补单发料，而仅当补料的量超过阈值时，才需要管理人员审核。另外，在产品生产完成以后，有专门的统计分析人员对物料发放数据进行分析，确定产品的总体物料成本是否在计划范围之内。这样既有数字化、标准化，也有一定的柔性，从而保证生产的顺畅和客户业务处置的高效精确。

3. 生产协同

在元宇宙时代，实现远程的数据采集、传输、监控、优化，可以大幅提升企业的生产能力与产品质量水平。例如，海尔模具公司不仅服务于海尔集团，还对外扩展，其自身拥有很多高精尖设备，而一些普通件的加工就实行委外协同模式。在协同生产的过程中，就要确立规范，统筹企业和协作企业之间各种物料的采购，以刀具为例，通过分析优化，减少了刀具种类，增加了刀具数量，减少了供应商，实现了单位加工刀具费用的降低。

在元宇宙时代，需要构建企业集群、地区集群、行业集群，从而发挥工业生产的规模化优势，获得更高的经济收益。

9.4 综合展望

目前与元宇宙相关的很多技术尚需完善。例如，虚拟空间中的物体目前很多只是几何模型，尚未上升到物理模型、机械模型，这样一些响应、动作就不能满足物理规律。虚实结合需要更为强大的传感器，以更快、更多地采集数据，需要更强大的网络系统实现多种形式的数据实时传输，而结合边缘设备需要具备相应的计算能力、展示能力。

在元宇宙时代，对于生产设备和生产过程的管控，数字孪生技术的应用已经比较普遍（如图9-4所示），但是在物流领域，对物品和仓储物流设备的管控，显然数字孪生技术的应用还需要普及与提升。通过数字孪生技术，可以实现人在元宇宙中进行物流操作，由物流机器人完成对应的实际操作，将现实世界中的物流映射到虚拟世界中，采用VR/AR技术展示、交互，可以让操作者、管理者更好地感知现场，控制企业产品库存量，实现高效操作与精益管理。

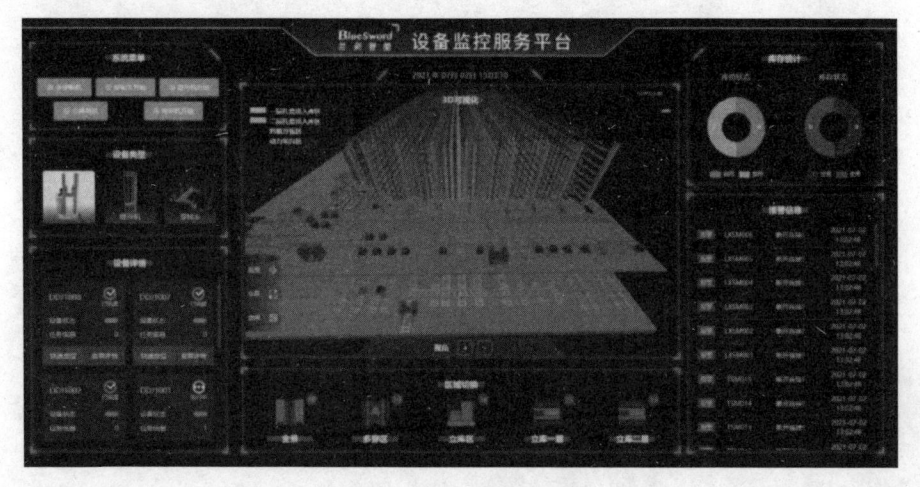

图9-4 设备监控服务平台

在元宇宙时代，物联网技术、地图技术、社会化的数字环境建设越来越强大，就为智能驾驶、无人驾驶、物流机器人、物流配送车、物流无人机等先进技术的应用奠定了基础，交通运输能力日益强大，供应链企业的集成范围越来越大，集成度越来越高，产品的生产、物流、消费都会发生革命性变化。

第10章

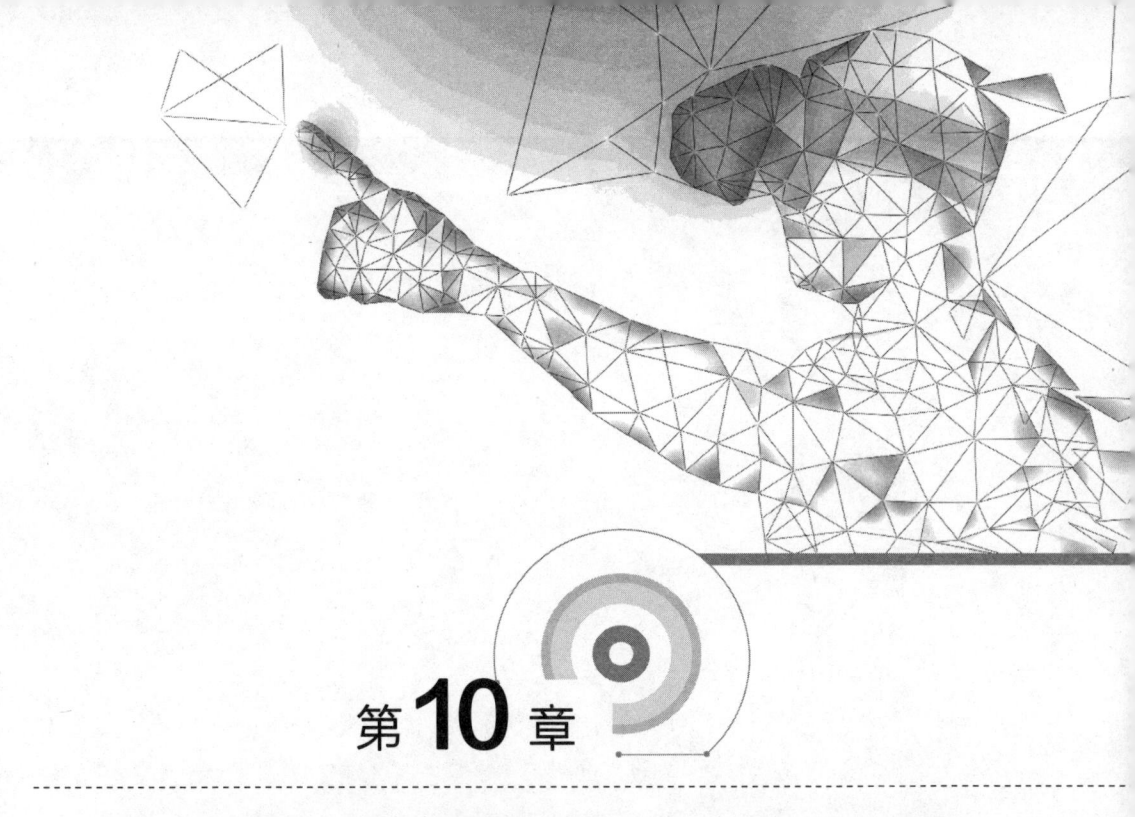

企业经营管理与战略决策

10.1 概论

工业企业的经营管理与战略决策是企业的重要工作，进入元宇宙时代，就需要采用元宇宙的理念、技术、方法、软硬件系统、平台，并且充分利用国家、地区的政策，改进企业的经营管理与战略决策，从而将企业管理提升到更高的水平。

企业管理可以分为三个层级，分别是日常管理、经营管理和战略决策。有人主张所谓的"一把手"工程，作者认为这是不正确的。企业还是需要自上向下，各负其责，这样才能真正做好企业。企业管理的主要内容包括组织、计划、监视、控制和指导。企业经营管理的核心是财务目标，包括销售额、利润、投入产出比等。战略决策则是对市场定位、渠道、客户关系、核心产品、解决的问题、资源和合作伙伴进行综合分析，进而制定集成式的创新战略。

10.2 组织管理

企业做出战略决策后，需要对工作进行组织安排。企业的生产要素主要包括土地、设备、资金、技术、数据、劳动力、企业经营者，以及上述要素的集成能力。在元宇宙时代，人作为企业中最重要的资源，其重要性会越发突出。

非常典型的就是资源的变化。企业中以往占据资金最多的是土地、厂房、设备等硬资源，也有一些如商标、专利、软件系统等软资源，但是在元宇宙时代，人掌握的知识在企业中越发重要。企业中的人员结构会发生很大的变化，

对人的素质要求会越来越高，包括学习能力、适应能力、心理稳定性、沟通能力等。

在目前的生产中，通过生产计划系统组织人员工作，在模式上跟以往相比有巨大的变化。例如，一名装配工人通过AR眼镜查看需要完成的任务，任务完成后进行语音汇报。工作过程中可以录像，以便指导其他人工作，或者在出现问题后进行追溯。

10.3 生产计划管理

传统的工业企业采用规模化生产模式，而未来小批量、个性化生产会越来越多。在大规模定制的基本模式下，产品的外部多样化和内部标准化是结合在一起的。企业的生产计划变得更加复杂，计划的有效传递变得尤为重要。工业企业最重要的管理就是生产管理，生产管理首先要有生产主计划，进而形成物料需求计划和车间作业计划。在这种模式下，重点要解决的问题是车间作业生产的复杂性、灵活性要求。

对于车间的作业生产汇总，越来越多的企业采用信息化传递方式。例如，胜地汽车的生产车间外墙上安装了看灯系统，当生产线上缺料时，按下按钮，库管人员就知道需要向相应的生产线发送毛坯件。

有些企业采用项目型生产模式，项目管理和一般的生产管理有很大的区别，其工作中存在不确定性。对于这种不确定性，就需要采用项目任务传递模式、管控模式。项目一般由多个任务组成，每个任务都有相应的负责人，以及计划开始时间、计划结束时间要求。在元宇宙时代，要细化时间管理，理顺工作流程，确保出现异常时，企业可以根据实际情况进行处置。在信息系统建设方面，要考虑项目和任务的条目、相关时间要求、当前执行状态等内容。

10.4 监控与指导

目前在工业企业中，ERP 系统基本得到了普及应用，而数字孪生系统、车间生产作业系统、制造执行系统还处于初步应用状态，远没有达到普及的程度。主要原因是工业生产的不确定性大，二次开发工作量多，因此进展缓慢。

进入元宇宙时代，基于信息系统改变企业的监控模式，乃至远程专家指导的案例越来越多，而且取得了大量成果。对于一个企业而言，随着生产规模的扩大，对企业的快速响应能力和系统可靠性的要求会越来越高，因此数控设备、机器人、自动化和智能化技术的应用越来越多。例如，某企业的锅炉偶尔会出现异常，熄火后不能正常打火。后来该企业安装了一套监控系统，可以在锅炉的温度接近不正常时提示工作人员及时处理，从而保障了生产的稳定性。

相对于纯粹的信息系统展示和车间生产录像展示，数字孪生不仅仅是企业设备、原材料、加工零件的状态的 1:1 映射，更重要的是集成了可见的部分，而且强调不可见的部分。同时，可以对生产数据进行变换，从而更好地指导工作。另外，所有生产数据都有记录，在出现问题时可以回溯分析并追责，还可以从数据中提炼出知识。

对于作业单元而言，需要规范管理模式。例如，很多员工认为，自己完成作业就可以了，而企业管理要求是只有通过检验才是真正的完成。在作业管理方面，涉及的人员包括任务的发起人、任务的执行人、任务的检验人，时间要求包括发起时间、接收时间、实际开始时间、实际结束时间、任务检验时间。为了监控任务执行时间要求，一般需要制订计划开始时间和计划完成时间。如果任务比较复杂，周期长，则可以将其拆分为多个子任务。需要强调的是，通过系统可以管理作业人员与时间计划，并不管理作业本身。

10.5 经营管理

企业的经营管理不同于一般的工作管理，其注重全局性、经济性和动态性。对于企业高层管理者而言，进入元宇宙时代，企业外部环境与内部环境都会日益复杂，因此要有新的思维模式。以往的系统思维主要强调系统与要素、要素与要素的关系，以及系统的动态性、平衡性。而现在的系统变得更大、更开放、更复杂，企业管理人员需要群策群力地处理复杂问题。

企业往往需要统筹考虑多个优化目标，实现总体协调，平衡各方利益。例如，生产管理中曾经流行零库存管理模式，但是一家企业严格执行了以后，却发现因紧急需求造成的物流运输费用大幅增加，远超过库存节约的费用开支。企业解决问题往往需要采用多种方法。例如，曾经有一家手机生产企业的产品质量一直不能达到高层管理者的要求，该企业先后采用了加强教育、加强考核、应用信息系统等方法，结果有所改善，但仍然没有达到高层管理者的要求。最后，该企业招聘了12位专职质检人员，产品质量有了明显改善，也终于达到了企业高层管理者的要求。

对于系统问题，可以采用田口设计法加冗余的方法。田口设计法本来是针对具体产品而言的，主要强调单元尺寸与整体尺寸之间的关系，以及单元尺寸与单元尺寸之间的关系，进而完成单元尺寸的容差设计。这种方法也可以推广到产品制造过程中，从而自上向下控制生产和使用中的不确定性因素，如环境温度和湿度、材料老化、制造误差、零部件质量波动等。通过冗余的方法，可以使用廉价的元件来设计与构建可靠的系统，并且使用先进的试验技术来进行实物试验，从而整体提升企业产品的质量，并控制产品的成本。

管理者需要采取化繁为简的模式。例如，企业的产品设计管理与项目管理虽然相似，但并不完全相同。管理者显然不可能将整体的产品结构设计原封不动地转换到项目管理的任务中,可以采取的典型做法就是将总装、大部件、重要部件、重要零件的设计工作作为项目任务和子任务,而微小的、标准的、不重要的零部件则可以忽略。这样就实现了项目的视图管理模式,减少了作业管理数量,从而有针对性地实现项目管理和产品设计管理。

企业还要注意合规与风险管理工作,其中也包括环保、安全、健康等内容。

10.6 企业的战略决策

企业的战略决策非常重要。首先,战略决策是全局决策和长期决策;其次,战略决策可以明确企业的战略发展目标。企业按照战略决策组织资源,统筹安排,制订计划,以高效地实现目标。制定战略决策时需要分析企业所处的宏观环境,并考虑企业自身的特色。企业的战略决策应具有前瞻性和可行性。战略决策是自上向下展开的,强调整体关联,也就是先有了总体目标后,再对企业各个部门和各种职能制定细化目标,确立各个部门之间的协调关系,实现有机集成。企业的战略决策往往还需要具备可操作性、可达成性。

企业应注重战略决策的贯彻工作,要自上向下进行宣传、讨论、分析,并不断完善、改进,乃至创新,让战略真正落实。

企业中的普通员工不了解企业战略决策的情况非常常见,企业高层决策的执行一定要考虑完整性,以及员工的接受程度。

例如,某企业分析发展方向,认为大型装备的市场将会缩小,而小型装备将会有更大的市场容量。企业制定了相应的决策后,开始同时生产大型设备与小型设备,但是推行了一段时间后,发现销售的成果并不是很好。后来,该企业邀请咨询公司进行分析,咨询公司通过调研发现,因为没有改变相关的销售政策,销售不愿意销售小型装备,小型装备销售总额低,相应的业务提成也就比较少。

制定战略决策时，需要同时制定相关的保障措施，包括组织配备、人才教育、资金准备、物资准备等。其中最容易被忽略的是企业文化的改进，要让每一位员工真正理解、认可企业的战略，并在工作中思考个人与战略的关联性，从而真正促进战略的落实执行。例如，某企业曾经提出口号"一次就把事情做好"，但是过了一段时间后发现，这种提法是有问题的，因为把事情做好很难衡量，于是企业改变了口号，变成"一次就做对"，结果企业的产品、零部件合格率显著提升。再如，某企业开发了一个查询系统，但是厂长对系统的运行很不满意，后来厂办主任找到计算机中心负责人，双方进行了探讨并确立了工作的基本模式。第一，计算机中心保证系统的可靠性，每天按时启动服务器，根据需要为操作人员提供技术支持。第二，各个部门按照要求定期输入数据，年度数据则在年初统一汇总分析，输入系统。第三，当系统出现问题时，首先向厂办汇报，然后通知计算机中心处理技术问题。第四，厂办安排专人每天 4 点检查数据的输入完成情况。采取这种模式 6 个月后，系统完全进入了正常运转状态，基本上不再出现数据没有填报或者漏报的现象。

综合而言，进入元宇宙时代，工业企业将越来越多地采用数字化、可视化手段，结合先进的交互技术，将宏观环境、企业现状、战略发展需求紧密结合在一起，制定出卓越的战略决策。

10.7 企业战略决策展示场景

进入元宇宙时代，工业企业的管理手段也在提升，最典型的就是很多企业的领导办公室多了一块大屏幕，这块大屏幕尺寸巨大，画面酷炫，具有超强的科技感（如图 10-1 所示）。

图 10-1　大屏幕

大屏幕的展示内容一般包括图表等视觉元素，这些视觉元素具有一定的逻辑结构，一般包含企业的生产数据。相对于传统的纸质报表、计算机屏幕，大屏幕可以承载更多的内容，展示方式更加直观，可以让管理者快速感知，并及时做出正确的决策。

企业的决策需要大数据作为基础。随着元宇宙技术、产品、基础设施的发展，数据的采集成本将会更低。例如，工程机械企业可以实时查看目前企业售出的工程机械的开工情况，预测未来的需求情况，确定企业的产能规划。另外，企业的领导对企业有了初步的决策思考后，往往需要进行数据验证，那么可以通过大屏幕进行交互式统计分析，完成数据挖掘、推理、预测，最终用这些数据验证决策的正确性、量化收益水平，进而确定决策的可行性、必要性。

现在企业所处的宏观环境具有不确定性，因此企业需要设置信息部门，收集并分析国内外、行业、客户与供应商的相关信息。同时，要遵循面向客户、量化管理、效益驱动、持续改进的原则，采用新型组织结构。实现作业管理、生产管理、经营管理、战略决策的总体协同，快速响应变化，做好风险控制与合规管理，并且不断积累数据，化数据为知识，从而促进企业提升经营管理水平，构建元宇宙管理体系，抓住机会实现跨越式发展。

第11章

元宇宙时代的流程管理

11.1 概述

进入元宇宙时代，企业的战略制定和落地执行都需要新的模式。例如，蓝色光标进军元宇宙后，企业的股价增长了一倍。双汇南昌生产车间脏乱差现象被曝光的当天，双汇的股价就跌去9%，总市值超过80亿元。所以，工业企业不仅要有好的战略，还要结合各个职能部门，让战略落地，让员工做好日常工作。而企业的工作不是一个个孤立的行为，而是由工作流与工作事务组成的。工作流涉及物流和数据流，也是一种经济流。工作事务涉及产品的物理变化与数据变化，有些工作则是纯粹的数据变化。在元宇宙时代，企业与外界的关系将更为复杂，很小的扰动也许就会产生巨大的影响。因此，企业需要理顺自身的业务流程，促进工作流、数据流的安全可靠运行。

11.2 数据流

进入元宇宙时代，纯粹的数据化、虚拟化的工作会占据越来越大的比例。例如，在飞机的研发工作中，有70%的工作是虚拟化的，不涉及实物。本节将从微观层面探讨数据流。

1. 单点数据

单点数据算不上数据流，针对单点数据有两项重要工作，第一是数据的处理。数据的处理往往采用辅助工具来提升工作的效率与质量，典型的如计算机辅助绘图，利用Excel进行统计分析，利用SPPS进行数据挖掘等。如图11-1所

示，其在流程方面包括数据的输入和数据的输出，上方是数据计算的各种规范与要求，下方是基础数据，中间是运算过程。第二是数据的备份与恢复，如图 11-2 所示。如果单点数据很重要，就必须采取备份策略，可以采用廉价磁盘冗余阵列（Redundant Arrays of Inexpensive Disks，RAID）、U 盘、外接硬盘备份，也可以设置备份专用计算机，还可以构建网络系统，将单点数据传递到服务器上。这项工作看起来简单，但是如果不重视，也会造成巨大的损失。例如，作者曾经所在的企业有一台大型数控加工设备因为加工代码丢失而停工两个月之久，因为其是企业核心产品加工的唯一设备，所以给企业造成了巨大影响。后来，企业为此购置了一台计算机，将计算机与数控加工设备连接，实现了加工代码的备份与恢复。

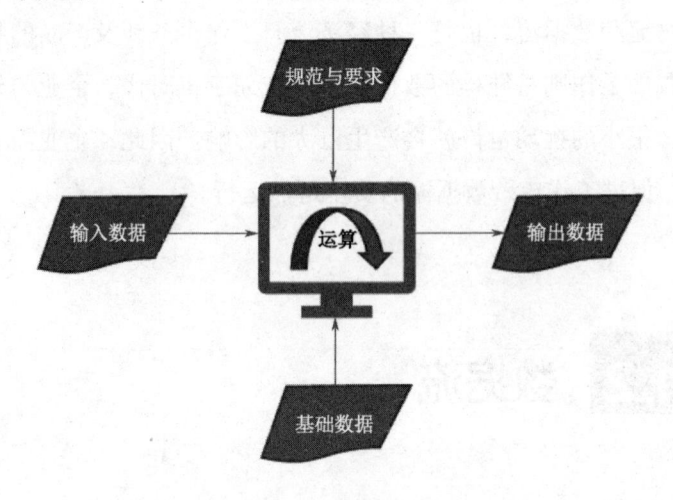

图 11-1 数据的处理

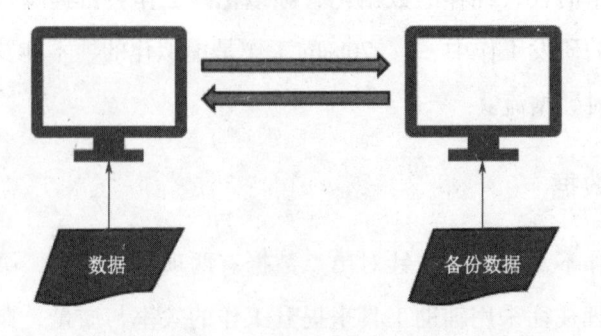

图 11-2 数据的备份与恢复

2. 两点间数据流

两点间数据流，典型的如发一份传真，发一份邮件。这里以发送邮件作为典型的数据流模式进行探讨，如图 11-3 所示。发送邮件，一定要接到对方回复才能确认邮件已经收到，这里需要注意，有的邮件系统设置了自动回复，而收邮件的人并没有真正查看邮件，所以收到邮件的人需要回复邮件。发送邮件时，不能认为提交了邮件，任务就已经完成，如果没有对方的回执，出现问题时，仅仅提交邮件的数据流发起者就是责任人。当然，对于邮件的收取，也要进行规范。例如，要求上午上班时检查一次邮件，下午上班时检查一次邮件，下班前检查一次邮件。发送传真与此类似，一定要采取如电话联系的方式确认对方已经收到了传真。企业建立了信息系统后，如 ERP 系统，很多事务通知也要采取这样的闭环模式和时效控制模式。

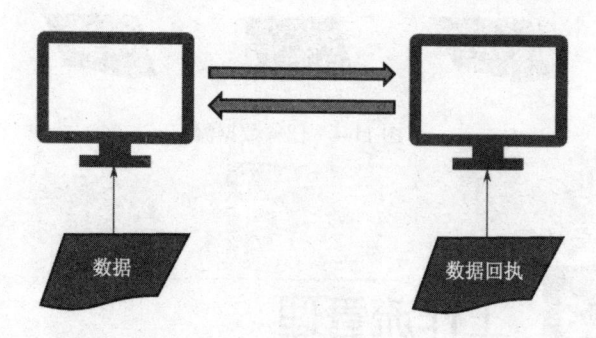

图 11-3 两点间数据流

以往没有信息系统时，数据的传递需要采用人员流动、打电话等方式，这些方式有时会受到限制。例如，一家企业生产铸件，铸件生产出来后，需要根据检测部门出具的分析报告判断是否继续加工。为了避免干扰，分析设备与电话不在同一个房间，因此车间给检测部门打电话，检测人员听不到电话铃音。这导致很多时候生产部门一直处于等待状态，显然浪费了时间。后来，企业实施了一套质量管理系统，其中一项重要内容就是检测部门检测完成后，将结果提交到系统中，生产人员可以通过系统查询进展情况，这样有利于实现协同生产。

3. 任务数据流

任务数据流和简单的两点间数据流的差异就是任务的执行是需要时间的，不是简单地发个回执就可以了。如图11-4所示，任务结束不代表任务完成，还需要进行任务检测，检测方可以是独立第三方，也可以是任务发起方，只有检测通过，任务才算真正完成。在这个过程中，需要获取任务开始时间和任务完成的信息。

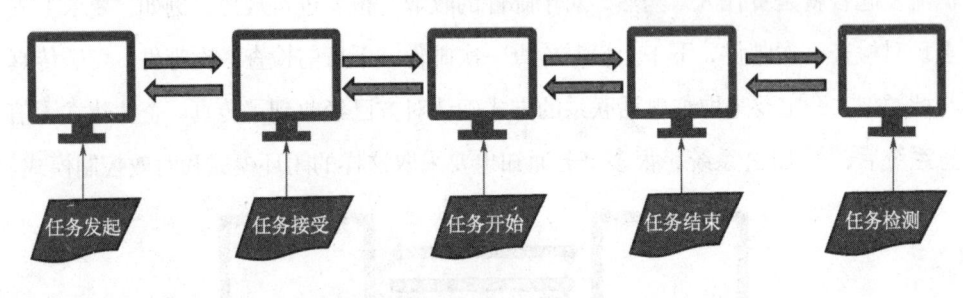

图11-4 任务数据流

11.3 工作流管理

工业企业的工作流主要包括输入的资源和输出的成果，执行的过程则包括多个工作任务节点，并且这些工作任务节点是相互关联的，如质检必须在生产之后进行。

工作流是由一系列工作任务组成的，为了加强工作流的管理，引入流程任务完成情况映射（如图11-5所示），任务信息包括任务的基本描述、计划开始时间、计划完成时间、预计工作时间、最晚开工时间、任务执行状态等。流程也可以包含子流程，如图11-6所示。但是从管理的角度出发，为了降低管理难度，理顺逻辑关系，流程之间不设交叉，不采取网络计划法，如图11-7所示。网络计划法主要在安排计划时使用，而工作流管理则强调管理工作任务的完成情况，将工作任务的完成情况映射到新的数据记录中，以便于查询、管理、改进。

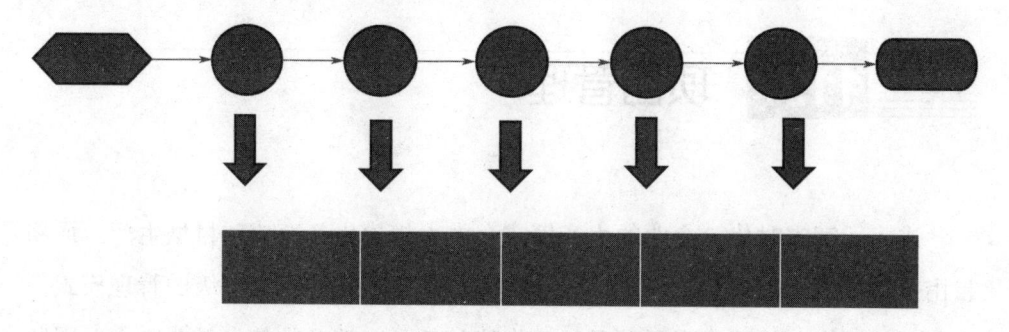

图 11-5　流程任务完成情况映射

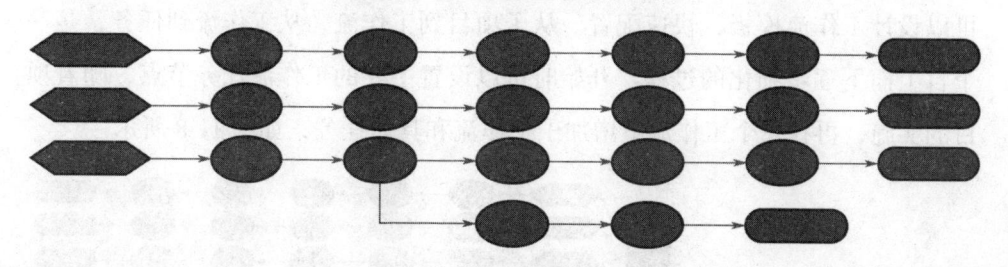

图 11-6　流程与子流程

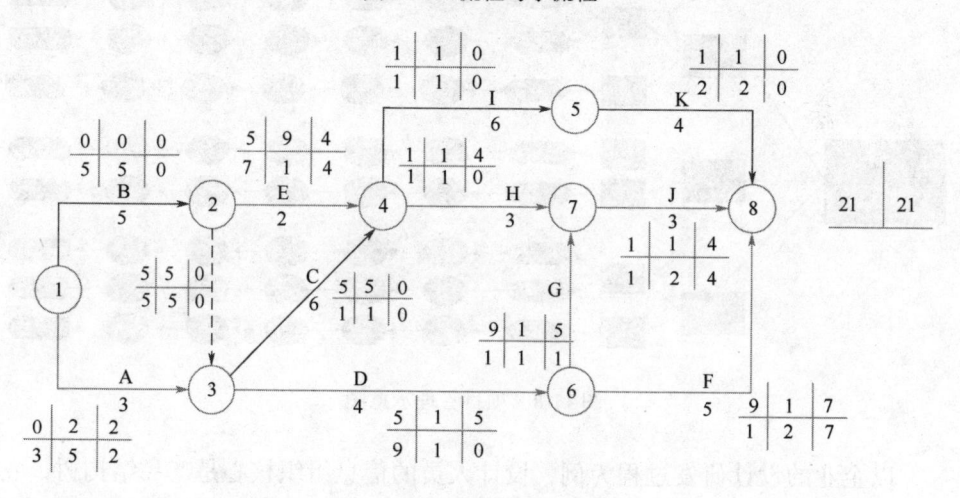

图 11-7　网络计划法

11.4 项目管理

进入元宇宙时代，企业的生产模式会由大规模生产变成项目型生产。而项目由一系列的子项目、工作流、任务构成，是比工作流更高一级的管理模式。在项目管理中，构建多个子项目、工作流和任务，涉及的信息量非常大，因此可以设计工作流模板，快速配置。从子项目到工作流，从工作流到任务，是一个自上而下逐步细化的过程。开始时可以设置主要的工作流任务节点，随着项目的实施，再在每个工作流下增加子工作流和具体任务，如图11-8所示。

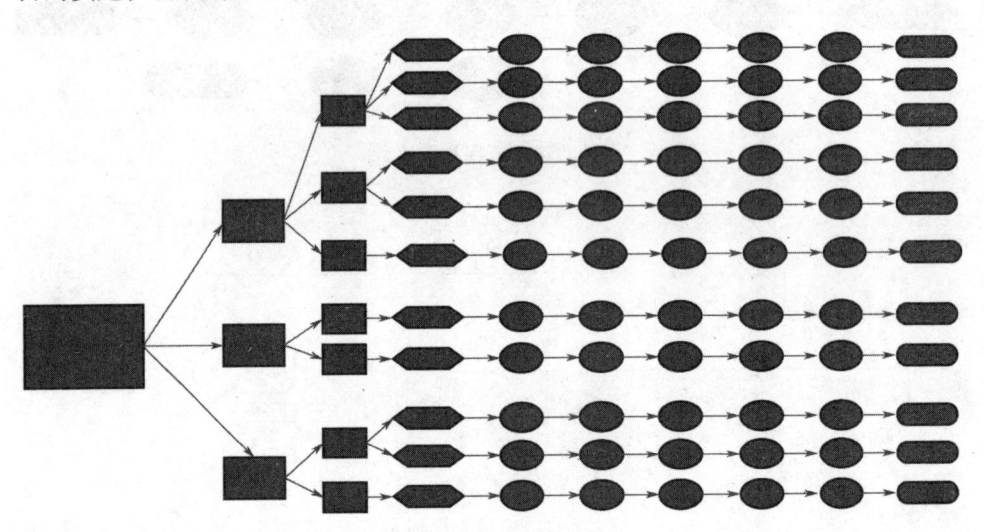

图11-8 项目管理示意图

以企业的设计研发过程为例，设计人员的信息组织核心是产品结构树，它由一系列总装、部件明细表构成。如果按照产品结构树直接映射项目任务，将会使项目管理树过于庞大。因此考虑仅将总装配、大部件、关键零部件任务作为项目任务管理节点，这样才简洁有效。这里有一个基本的规则，那就是一个部件设计完成就代表该部件之下的小部件和所有零件都设计完成。

11.5 工作流案例

1. 技术文件分发

在企业中，技术文件分发经常会出现问题。例如，车间准备进入生产，却发现没有模具，联系配套企业，配套企业表示没有接到通知。检查后发现是信息部门发文件时漏掉了采购部门，采购部门自然就没有通知模具配套企业。

企业采取信息化平台的模式，则要求技术文件的发送必须形成闭环，也就是收到文件后要点击系统按钮确认，而相关人员都可以看到其他人是否已确认。生产计划处应安排专人每天检查确认情况，如果存在未确认的情况，应通知当事人确认。技术文件分发示意图如图 11-9 所示。

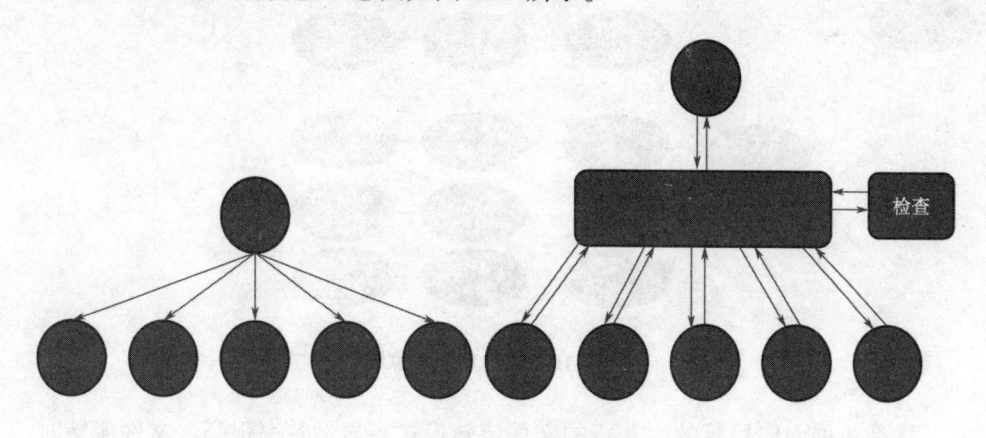

图 11-9 技术文件分发示意图

2. 外部文件流转

在大型国有企业中，以往设有通信组，负责文件的传递，涉及的人员需要在文件上签字，这种传递方式是线性的，因此效率很低，而且一旦中断，就会造成延误，给企业带来损失。而采用信息化平台的模式，改变信息的传递方式，

可以大幅提高工作效率。图 17-10 是一个简化的文件传递示意图,如果采用线性传递方式,每一次传递都需要两天,那么一份文件的传达时间就会非常长。

引入信息化平台后,重要的纸质文件可以继续采用传统的传递方式,而在并行的信息化平台上,如果知道谁是最终执行人员,则可以将文件扫描后作为附件传送,一次性抄报多人。以图 11-10 为例,厂长可以一次性选择生产副厂长、总工程师、车辆分厂车间主任、科研所车辆组组长、CAD 工程师;总工程师除了之前选择的科研所所长、工艺处处长、计算机中心主任,还可以再选上车辆组工程师、硬件组工程师。

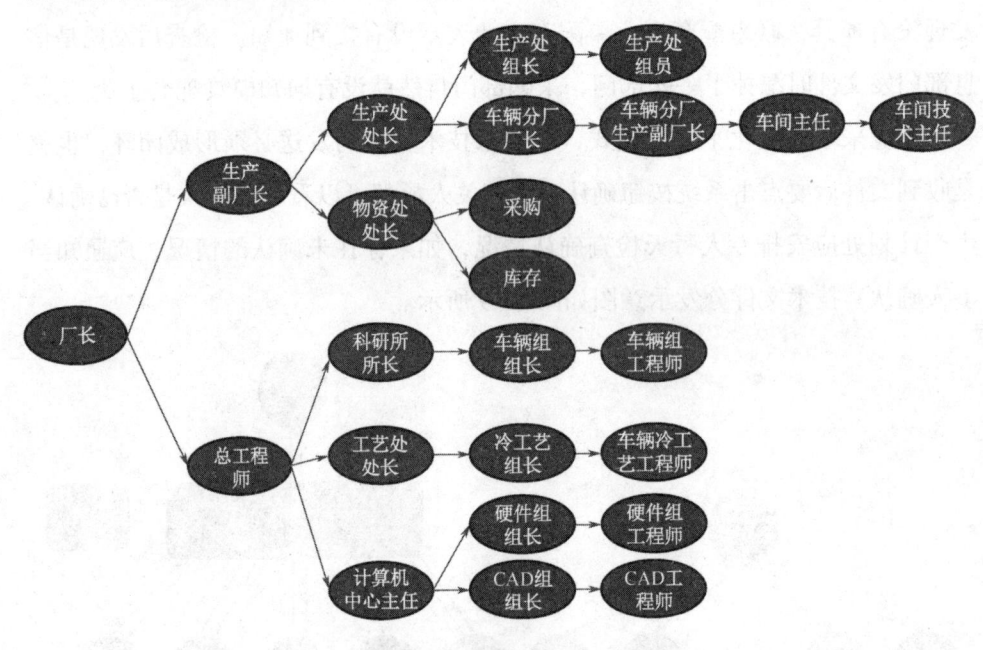

图 11-10 文件传递示意图

这是一种面向目标的、并行的文件流转模式,显然效率很高。文件流转时,采取电子签审,档案部门在文件流转结束时将电子签审信息打印出来,加盖归档章,进行归档。

3. 质量管理信息系统

这里以一个企业实施质量管理信息系统改善企业工作流的案例进行说明。

某企业以往经常出现客户的二次投诉，也就是客户提出产品缺陷或者改进意见后，企业员工没有处理或者处理不到位。例如，白班工作人员收到要求后，忘记传递给夜班工作人员；告知客服经理后，客服经理忘记告诉班组长。该企业的信息传递模式如图11-11所示，显然这种网状架构具有不完备性。后来，该企业决定实施质量管理信息系统，将产品缺陷与改进意见统一输入系统中，在完工检验前必须检查当前产品缺陷与改进意见是否全部处理完。如果存在没有处理的质量问题，则通知车间班组长进行整改；如果问题全部处理完或没有质量问题，则可以向下流转，进行完工检验。改进后的模式如图11-12所示。

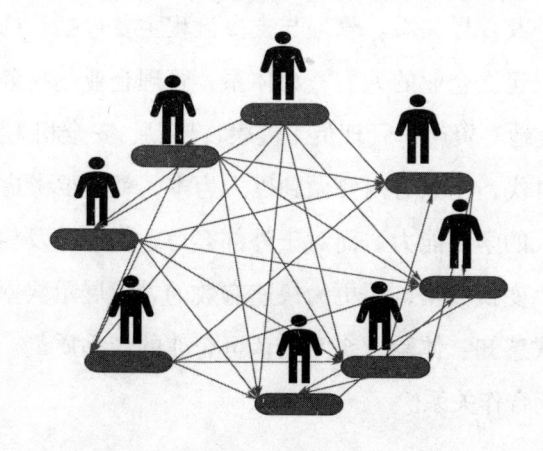

图 11-11 企业的自由型信息传递模式

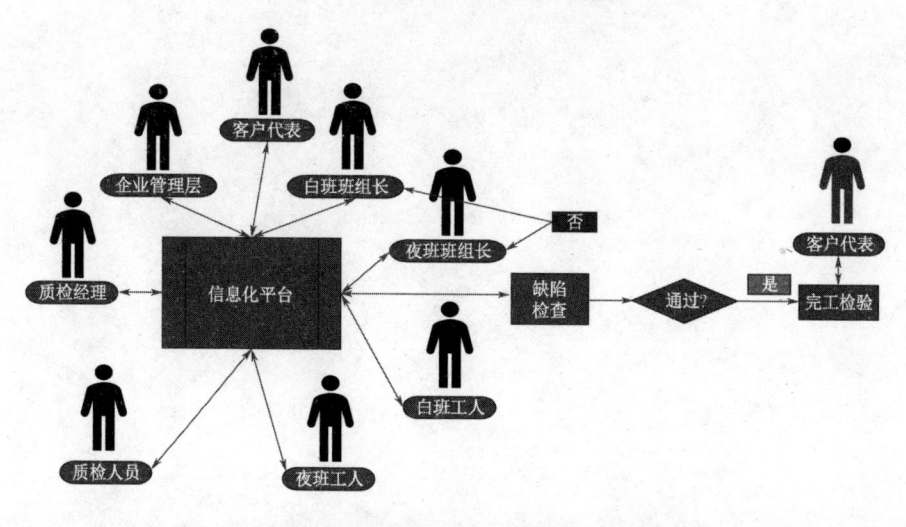

图 11-12 基于质量管理信息系统的信息传递与管控模式

11.6 元宇宙时代的信息流与工作流

前几节从微观层面探讨了工业企业的数据流与工作流。从宏观层面来看，工作流可以分为运营流程和管理与支撑流程。运营流程主要包括：制定战略规划，制定企业的品牌与营销策略，产品与服务的设计，产品的交付与后期服务，维护客户、供应链及外界关系。管理与支撑流程主要包括：构建企业的数据、知识、信息系统，建立企业的人力资源体系，管理企业的财务资源，管理企业的设备、厂房、土地等资产，管理员工健康、环保、安全相关事务。

进入元宇宙时代，企业对内要做到以人为本，就是要考虑人的感知能力、人的工作能力和人的学习能力。而对于外部客户、供应链及相关各方，企业要更好地积累数据、变换数据，用更为快速有效的方式展示数据，并让客户以符合自身特色的模式感知、体验、交互，认可企业的产品质量、生产能力，从而建立起战略性长期合作关系。

第12章

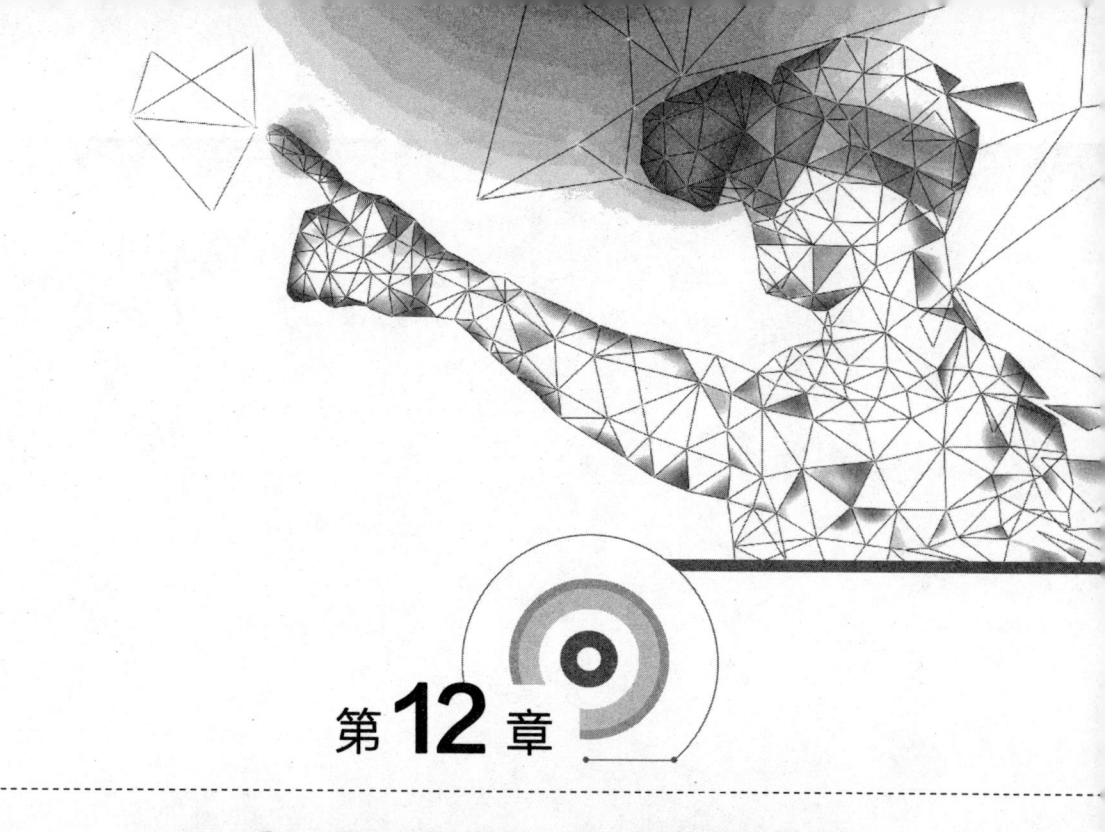

元宇宙的综合集成与平台建设

第12章

元素的周期性集合与平台建设

12.1 概述

很多人提出元宇宙是大量的基础技术与应用技术的集成，这是有道理的。元宇宙的各项技术不是孤立的，而是相互关联的。因此，不仅要提升单元技术的水平，更要提升集成技术的水平。

12.2 信息化集成

进入元宇宙时代，必须研究信息化集成。首先，在数据层面，要提升数据的完整性、精细度、正确性，数据的采集要更具时效性，而且获取数据后，要根据需求选择数据、转换数据，完成数据治理、统计分析、数据挖掘等工作，最终将数据展示出来，实现数据应用。其次，在信息层面，要实现信息的产生、传递、接收与应用。数据和信息之间是升级的关系。

12.3 VR/AR 集成应用技术

进入元宇宙时代，可以将 VR/AR 技术应用于整个工业流程，用户可以通过可穿戴设备进入虚拟场景，查看工业企业生产过程，而这种查看是可以突破空间限制的，查看的信息是集成起来的。

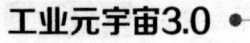

进入元宇宙时代，因为信息量巨大，交互技术也将进入集成应用模式。传统的键盘、鼠标模式，后来出现的触摸模式、手势识别、图像识别、声音识别、表情识别、动作识别，以及现在的一些探索性交互技术，如体感和脑机接口，这些都为更好地实现人机交互提供了技术基础。

为了获得更好的体验，要针对人的感知能力进行系统设计，如显示的文字的大小和颜色的差异，以及针对色盲人员的特殊设计等。采用 VR/AR 眼镜，可以让人更好地感知虚拟世界，产生沉浸感、真实感、美感。

从目前的应用场景来看，基于中间服务器的应用和平台化应用会越来越多，例如，企业通过 VR/AR 眼镜向客户展示新产品。

12.4 人、虚拟人、机器人、机械设备的集成

虚拟人、机器人、机械设备都可以看成人的工具，利用这些工具，可以极大地提升人的认知能力和行为能力。

以虚拟人为例，人们可以让虚拟人代替自己在会议上发言，这样自己就可以从事其他的工作，如参加另一个会议。如果个人表达能力不足，说话有口音，那么可以通过虚拟人克服这样的缺点。在客服工作中，可以让虚拟人先跟客户做基本的沟通。如果虚拟人不能满足客户的需求，则由人工介入。

在工业生产中，机械设备的数字化、自动化、智能化水平越来越高。例如，刀具可以自动对刀，可以利用机器人实现上料、下料。工人更多的是监控系统的运行状态，如果出现异常，则实时介入，利用先进的设备快速处置，从而保障生产的正常进行。

12.5 构建企业内部集成平台

企业和个人是元宇宙时代的重要主体,只有把每个人的价值都发挥出来,让创意变成产品,实现规模化生产,才能真正创造出巨大价值。元宇宙包含多种新技术与新理念,在企业中应用,要遵循总体规划、分步实施、重点突破、效益驱动的原则,根据企业自身的具体情况,从单元技术、内部平台、外部平台到工业元宇宙平台逐步推进。

工业产品的设计与制造是由不确定性向确定性转化的复杂过程,数据的种类、数量会不断增加。例如,在订单阶段只有技术要求说明,设计阶段的产出是批量的图纸、三维模型,进入工艺阶段,一个零件有数张乃至数十张工艺图纸,而到了生产阶段,每一个产品都有相应的生产记录。进入元宇宙时代,这些图纸、模型、记录都需要电子化、数字化,并实现标准化,从而更好地传递、集成、转换、应用,因此企业需要构建统一的设计平台、管理平台、创新平台,也称数据中台。数据中台必须强调数据规范和数据交换协议,从而实现信息的大集成模式。企业要在生产中、生产后、应用服务中不断提炼知识,建立知识系统、专家系统、人工智能系统,从而提升运营支持能力、问题解决能力和创新能力。

12.6 主持及参与建设供应链平台

工业企业要根据自身的特点,积极地主持及参与供应链平台的建设,供应

链平台比企业内部平台更为重要,通过供应链的集成,可以实现全链优化,从而提升管理效率、生产效率,减少与客户、消费者之间因信息不对称而产生的错误,提高客户满意度。

随着元宇宙的发展,产品和服务会越来越多样化、个性化。因此,企业必须提高自身的柔性,整合所有的供应链资源,实现对客户需求的敏捷响应,快速高效生产,保证产品与服务的质量。在这种情况下,建设统一的平台尤为重要。

企业需要与客户合作,共同制定产品标准,这样才能减少错误,实现产品加工、装配、仓储、物流、应用的集成。

例如,一家机械制造企业因为厂房搬迁,不得不将一些产品委外生产,结果图纸传递过去后,协作企业表示生产不了,因为这家企业绘制的产品图纸不符合机械制图规范。再如,一家企业通过规范产品数据,构建企业与客户的数据转换平台,实现客户订单数据快速转换成企业内部加工数据,一年后产值就达到原来的三倍。

12.7 积极参与建设行业平台与地区平台

企业通过行业协会,积极参与建设行业平台,可以实现资源共享、技术共享,在各有专攻、各有所长的基础上,通过对标管理,实现技术融合、产品融合、业务融合,从而取长补短,提升整体行业水平。

可以通过地区平台构建产业集群,实现联合营销、设计、制造与服务,催生新业态,促进新技术的广泛应用。

在这两种平台的建设过程中,强调以行业、地区为主体,核心是构造一个强大的生产集群。企业要结合自身的特点,选择具有竞争力的方向,进行规模化投入。行业要与政府部门合作,让政府部门深入了解行业的发展态势,以便制定相关政策。要构造良好的市场环境，吸引高端企业加入，引进先进的理念、技术、产品，如集中采购、政府先期投入等模式，提升行业、地区能力。要确立行业、地区的发展方向，引导政府基金、企业进行战略布局，从而形成产业体系，以及面向世界的产品品牌集群。要利用协会、政府的公信力，与媒体合作，将好的案例和成果用融媒体的形式展现出来，让客户更好地感知、体验、交流，促进交易形成。典型案例有如图12-1所示的国家物流信息平台。

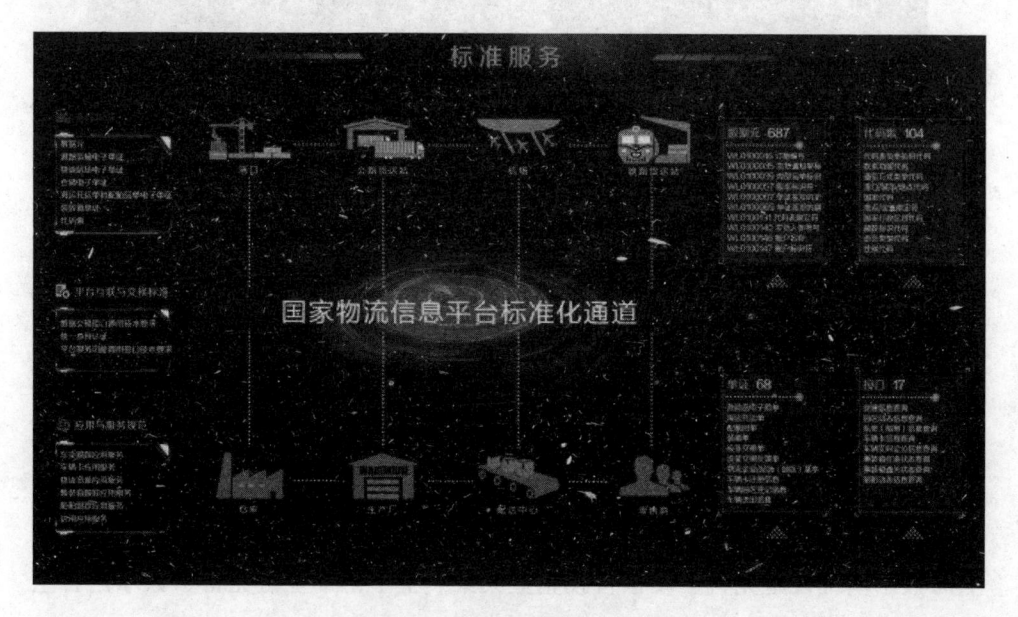

图12-1　国家物流信息平台

12.8　积极建设工业元宇宙平台

工业元宇宙也可以看成一个大型平台，它是数据资源、设备资源、人力资源的载体，是企业发展、行业发展、地区发展乃至国家发展的主阵地。建设工业元宇宙平台不仅要采集数据、传输数据、存储数据，更要通过人工智能和国内外专家团队对数据进行分析、处理，用更好的、更容易让人和机器接受的方

式进行展示，从而促进数据的应用，辅助生产经营和决策，促进创新。典型案例有如图 12-2 所示的数字化制造云服务平台。

图 12-2　数字化制造云服务平台

需要注意的是，工业元宇宙平台会出现强者越强、大者越大的格局，因此要尽早入局，抢占先发优势。在具体执行时，企业、行业、地区要发挥自身特色，结合自身优势，建立与自身匹配的、面向世界和未来的工业元宇宙平台。

在具体实现上，要遵循政府政策引导、大型企业投入，动用资本市场、证券市场的资金，高开高走，结合国家重视的与元宇宙相关的核心技术、重要产品、重大项目，构建工业元宇宙平台。例如，上海经济和信息化委员会提出，上海数字基础设施完善、硬核科技企业集聚、上下游产业链完备、数字内容生态多元，具备发展元宇宙相关产业的良好基础。要尊重规律、分步推进，把握元宇宙虚实映射、虚实交互、虚实融合的演进规律，在加强前沿技术突破、前瞻领域布局的同时，立足数字产业化和产业数字化，有序推动元宇宙产业健康有序发展。要建立适应元宇宙发展的规则体系和监管机制，推动元宇宙人才发展，推动企业和科研院校组建技术联合攻关中心、实验室，积极参与行业相关标准制定。为了实现上述目标，必须构建工业元宇宙平台。

第13章

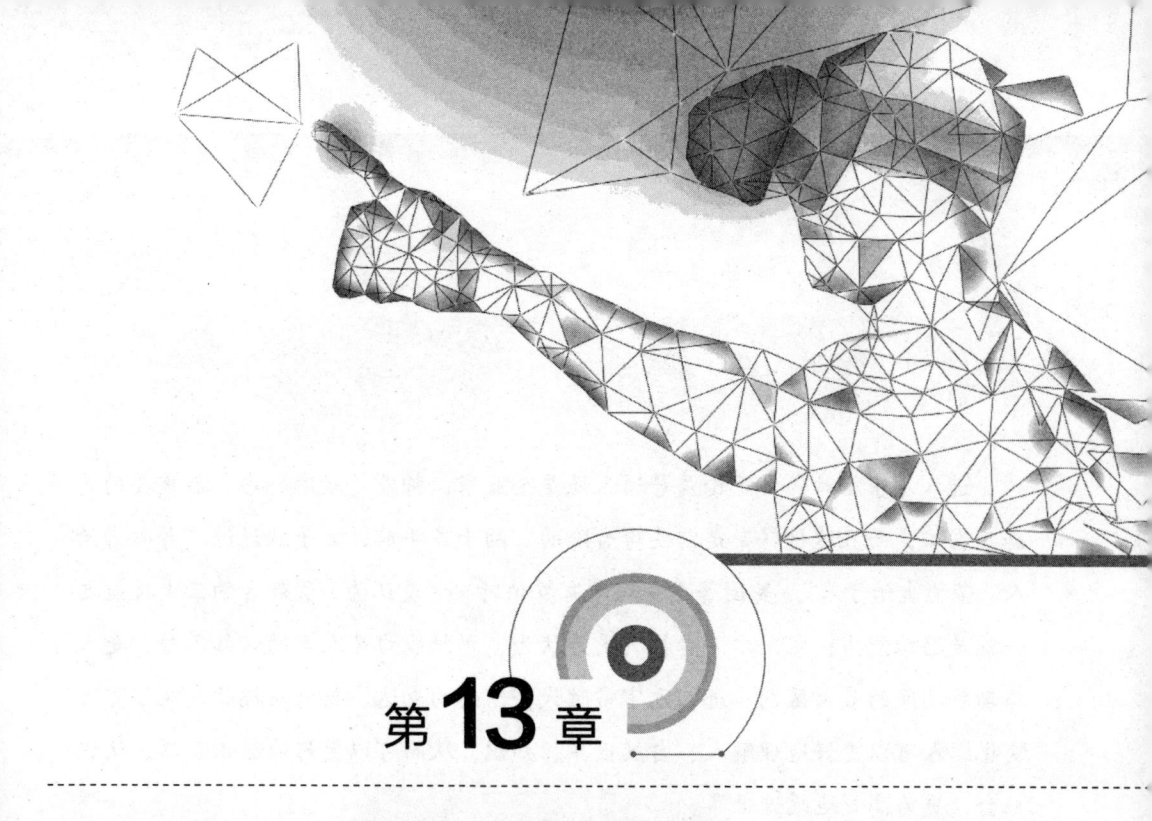

元宇宙思维

进入元宇宙时代，无论是普通人还是企业家，抑或是政府领导，最重要的是转变思维，而且这种转变是需要跨台阶的。两千多年前，孟子就说过"劳心者治人，劳力者治于人"。美国著名管理学家罗伯特·卡茨认为，管理者的三大技能之一就是思维能力；尤瓦尔·赫拉利更是认为，思维能力是人类的认知革命，是人与动物之间的最大区别。进入元宇宙时代，信息的表达、传递与接收发生了重大变化，人可以更好地理解人、自然世界、知识，从而可以更好地认识世界、认识社会，更为高效地改造世界。

思维的方法、模式和工具非常多，而元宇宙是个很大的框架，从中提炼出要点并深化阐述显然是个艰巨的任务。经过与很多学者、企业家、政府领导的交流，尤其是与元宇宙领域一些先行者深入地沟通、碰撞，作者认为，宇宙思维、用户体验思维、数字化思维、系统思维、世界级品牌思维是尤为重要的5项内容。

13.1 宇宙思维

元宇宙这个词是由英文单词 Metaverse 翻译而来的，Metaverse 则是由 Meta 和 Universe 组合而成的，Meta 的意思是超越，Universe 即宇宙，其包含时间与空间，边界目前尚不可知，宇宙中还有黑洞，存在不确定性。

13.1.1 跨越时间思维

进入元宇宙时代，利用虚拟现实、增强现实技术改进教学模式、工作模式、管理模式显然很重要，也有经济价值与划时代的意义。

例如，俞梦孙院士通过学习钱学森的系统思维理论，将人类健康工程的理念与高原结合在一起，实施高原健康工程。他提出："人形成一个新的适应环境的结构要有一个过程。只要给予相应的辅助环境，这种训练在平原、高原上都可以完成。"于是，飞行员进入高原后短期内无法进行训练的世界性难题，就这样被成功解决了。

再如，在非物质遗产领域，通过元宇宙，单一的、初级的手工艺术品、节目表演、民俗活动可以转变成体验式课件、体验式项目、民宿、城市文化等内容，从而让逝去的文化遗产复活，绽放光彩，更好地吸引年轻群体。

13.1.2 跨越空间思维

新型冠状病毒疫情对世界经济产生了巨大的影响。在这一背景下，利用信息化手段，实现远程的交流、指导、管理、监控就显得尤为必要。

比较典型的远程会议、远程教育、远程晚会已经得到广泛应用，而远程医疗、远程营销、远程监控也已经有大量的成功案例，如借助机器人、无人机、

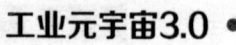

VR/AR眼镜，结合后台系统，实现电力系统的巡检。

进入元宇宙时代，要深刻理解"世界是平的"这个概念，即产品是面向全世界的，供应链也是面向全世界的，专家资源来自全世界。通过元宇宙可以更好地聚合全世界的各种资源，从而形成规模优势。

13.1.3 黑洞思维

元宇宙存在不确定性，工业生产过程也是一个由不确定性逐步变成确定性的过程，因此在思维方面要有"黑洞"的意识，克服不可知。曾经有两位记者去某个地区采访，结果去了以后认为没有什么新闻点。晚上两位记者聊天，一位无意间说道："真安静啊。"另一位受到启发，猛然想到了一个报道题目："去年蛙声一片，今年寂静无声。"

以工业仿真分析为例，进入元宇宙时代，除传统的常规应用工况、极限工况、应急工况外，还要考虑建立基础模型和基本算法，通过数字孪生系统，实时高效地采集工业设备的状态数据，快速构建计算模型，分析工业产品当前状态是否正常，预测关键零部件寿命，确定其是否需要维护及出现故障时的快速响应方法，从而提高问题处理能力。

13.2 数字化思维

元宇宙可以理解成信息技术、数字经济发展到一个新时期的产物，数据的内容与形式都会发生变化。例如，纸质资料利用扫描仪扫描后就变成电子资料，当前的场景利用摄像机摄像后就变成录像，这些都是数据的形式在发生变化。在工业设计中，从底图、蓝图到电子图纸，再到三维模型、有限元模型、加工及装配模型，信息的形式越来越多样化，数据量则呈现几何级数增长。

例如，某企业利用三维设计系统进行建模，并赋予材质物理属性，得出预计质量符合要求的结论，从而确定承接该订单。再如，某单位利用大屏幕显示总体运行状态，承接该项目的企业规划了大屏幕展现信息的总体格局，确立了主从关系，对当前关注指标进行强化展示，从而保证领导可以看得到、看得清。同时，由于数据量比较大，因此采取大数据交互技术，可以根据领导的需要进行钻取、切换操作及显示。另外，对于一些异常状态，在大屏幕右上角设置警示框，并采取闪烁的形式进行提示，从而引导相关工作人员进行检查。

13.3　系统思维

传统的系统思维一般研究系统包含哪些要素，这些要素和系统之间及要素和要素之间有什么关系，分析要素的功能和动态变化过程。进入元宇宙时代，虚拟世界、数字世界，以及基于互联网、物联网、工业互联网的世界，都是复杂系统，甚至是开放的复杂巨系统。对于这样的系统，个人、企业、地区乃至国家都需要用升级版的系统思维来思考。

13.4　世界级品牌思维

工业元宇宙的核心还是工业产品，因此要打造世界级产品，形成规模化的、完善的、自主的制造体系，实现元宇宙时代的超智能制造。实现这一目标任重而道远，因此需要群策群力。国家要在关键领域、基础领域进行政策支持、资金支持。各地区要结合地方特色，构建产业集群。行业要发挥自身优势，实现

信息的互联互通，促进行业的综合分析、对标分析，发现短板，强化长板。企业作为工业元宇宙的核心主体，要有敢为天下先的精神，从基层创新到战略创新、体系创新，积极参与世界竞争，成为世界级企业，打造世界级产品，这就是世界级品牌思维。

品牌的核心在于用户的体验。进入元宇宙时代，需要结合更多的先进技术，让用户更好地感知产品和生产过程。在产品的应用过程中，可以采用VR/AR技术和人工智能技术，更快更有效地指导用户操作，避免错误。

在品牌的构建上，要强调自身的特色，深度挖掘历史文化、地区特色，将好理念、好产品、好方案营销到世界各地。

在具体的产品选择上，要实行世界级对标，不同的企业可以采取不同的策略。例如，保持传统的物美价廉策略，同时打造高端品牌，而高端品牌就意味着高客户满意度、高美誉度、高质量、高效率、高经济价值。目前我国正在大力推进"专精特新"，加强培育大量细分领域的冠军和隐形冠军，其实这也是一种打造世界级品牌的模式。通过接力式创新，可以形成产业集群，用端到端的模式实现客户的一站式交付，从而获取更强的竞争力，进而实现工业的做大做强做精、做出品牌，使中国的工业达到世界领先水平。

综合而言，好的思维、先进的思维、结合时代的思维可以提升个人能力，改变人的认知、行为、习惯，进而改变人的性格和命运。而在一个企业、一个地区形成先进的元宇宙思维体系，成为深得人心的先进文化，结合元宇宙先进的理念、技术，赋能工业及提升工业，将会促进我国工业体系在新时代实现超越。

第14章

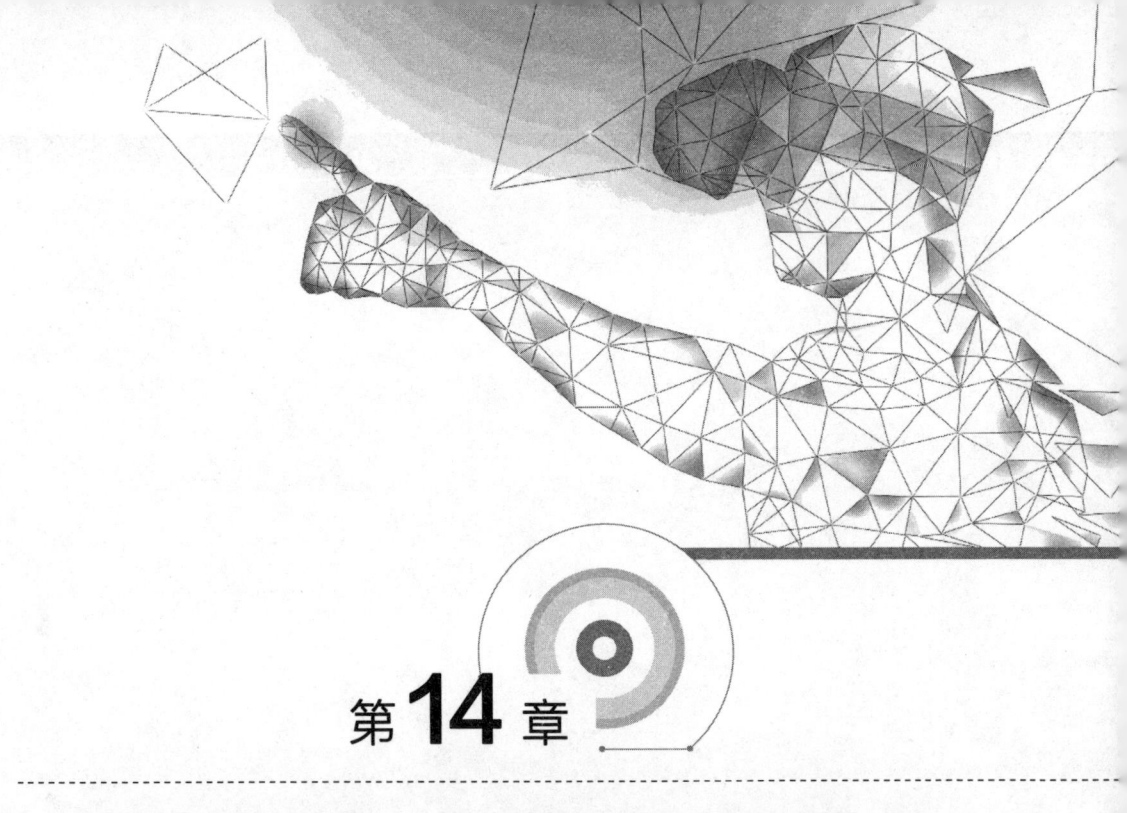

元宇宙时代的财务管理与金融投资

14.1 概论

进入元宇宙时代，全局的经济体系包括内循环、外循环，以及现实世界和虚拟世界的虚实循环。新的格局将为企业的财务工作带来新的挑战和新的机遇。首先，企业的资产内容与构成模式将发生巨大的变化，从传统的有形资产到无形资产，从虚拟资产到以人为本的知识资产、创意资产。其次，这几种资产之间不是分离的关系，而是彼此融合，从而可以创造出巨大的价值。未来，以"90"后、"00"后为代表的"数字原住民"在资源的生产、交易、分配和消费上，可能有更强的话语权。相对于实物资产，他们更加关注虚拟产品。对于虚拟产品的规划、设计、生产、定价，不仅要考虑产品本身的价值，还要考虑其稀缺性、流通能力。综合而言，企业需要全面研究虚拟资产、政策、资本、元宇宙理念、技术、产品应用等内容，改进财务管理和投融资工作，在风险可控的基础上获得快速发展。

14.2 虚拟资产

虚拟产品，尤其是以 NFT 艺术品为代表的数字藏品，其中有一部分是可以转化成实际工业产品的。以数字藏品为例，2020—2021 年，全球数字藏品市场在投融资端共发生 331 起融资事件，已透露的融资金额共计 52.56 亿美元。在交易端，加密市场 NFT 全年总交易量超过 664 万笔，总交易额接近 340 万 ETH（来源：大运河传播、凤凰新闻）。对于 NFT 艺术品而言，因其唯一性、不可复制性，

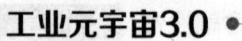

其价值往往并不仅仅由艺术性决定，稀缺性、流通能力也是关键因素。因此，企业要冷静思考，进行理性投资。

虚拟产品的价值往往跟应用对象、应用场景的不同需求相关联，因此需要细化颗粒度，丰富定价模式，以更好地与客户的需求对接。

虚拟资产具有显著的头部效应。随着时间的变化，各种圈层的变化会非常大。企业需要进行一系列创新，平衡企业资产的安全性、风险可控性和流动性。企业应在政府的引导下进行虚拟资产的日常运营管理工作和投融资工作。

对于企业资产的充分应用，通过一些案例可以获得一些启示。

14.3 数字资产

数据是数字化、智能化的"成果"，也是驱动数字化、智能化的"要素"。数据资产入表，意味着工业数字化迎来新机遇。

数据资产正式入表后，将对企业的资产规模、融资路径以及盈利模式带来较大变化。入表的数据资产将直接增大企业的资产总额，有利于充分展示企业的资产实力，提升企业的整体价值，将对企业并购或获得投资产生重大影响。同时入表的数据提供了账面的资产依据，企业可以利用数据资产进行抵押或者证券化，扩大融资渠道。这减轻了过去数据资产无形、难以评估带来的融资难题。此外，合理的会计核算也可以帮助企业设计切实可行的数据资产摊销机制，通过数据授权、共享等创新业务孵化新的收入来源。

工业元宇宙的创建，则为企业的数据资产积累提供了新型的基础设施；为企业的产品设计、研发、生产、交付提供了全新形态的生产力平台；在企业运营、上下游协作模式、客户触点与合作方式等商业环节中为企业和行业生态赋予了全新的形态，为企业提供了极大的创新空间，激发企业的潜能和动力。

14.4 新质生产力推动新型工业化

加快推进新型工业化，促进制造业智能化转型，要坚持以新发展理念为引领、以高质量发展为主题、以培育新质生产力为目标，推动质量变革、效率变革、动力变革，实现经济高质量发展。

传统产业向高端进阶，用数字赋能，加快形成新质生产力。传统产业是我国制造业的主体，是现代化产业体系的基底。对于传统制造业来说，加快形成新质生产力，就是加快数字化转型，以绿色为底座，向价值链高端进阶，实现高质量发展。着力实施制造业技术改造升级工程，加快设备更新、工艺升级、数字赋能、管理创新，推动传统制造业向高端化、智能化、绿色化改造，让传统产业"老树发新芽"。

战略性新兴产业和未来产业是形成新质生产力的主阵地，新质生产力是支撑战略性新兴产业和未来产业创新发展的动力来源。发展壮大新能源、新材料、智能网联汽车等新兴产业，打造生物制造、商业航天、低空经济等新的增长点。前瞻布局未来产业，培育产业生态，抢占竞争制高点，推进未来制造、未来信息、未来材料、未来能源、未来空间和未来健康六大方向产业发展，推动人工智能、人形机器人、元宇宙、下一代互联网、6G、量子信息、深海空天开发等前沿技术研发和应用推广，加快形成符合我国实际的未来产业发展模式，构筑未来发展新优势。

打造"新质生产力"的核心是数实融合。当前，我国数实融合已步入深化应用、变革创新、引领转型的新阶段，在改造提升传统产业、培育新模式新业态、增强企业创新活力等方面的作用日益凸显。要进一步聚焦底层基础技术和关键核心技术，构建数字经济研发新生态，在高端芯片、操作系统、数据库和工业软件等"卡脖子"等领域实现突破，有序推进集成电路、新型显示、通信

设备、锂离子电池等领域上新台阶。推进"机器换人、设备换芯、生产换线"，加快智能工厂、智慧供应链建设，以智能化重塑制造业产业模式和企业形态。推动企业数字化转型，构建云计算、数据服务、应用技术、容灾备份等数字产业体系，加快实施智改数转网联，推进产业数字化、数字产业化。

14.5 充分利用政府政策和外部资本

目前，我国各部委、省市、地区都出台了很多政策来支持元宇宙发展。2022年两会期间，全国人大代表建议成立国家级元宇宙研发机构，全国政协委员谈剑锋提出需要警惕云宇宙割投资者的韭菜。自然资源部建议推进实景三维中国建设。广州整治虚拟货币的挖矿行动。北京市通州区依托通州产业引导基金，采用"母基金+直投"的方式联合其他社会资本，打造一支覆盖元宇宙产业的基金，支持元宇宙初创项目和重大项目并延长支持周期，进一步完善服务体系，支撑产业生态建设。风投机构 Spartan Group 将推出 2 亿美元元宇宙基金，聚焦数字所有权。2022 年 3 月 9 日，美国总统拜登就数字资产和加密数字货币风险签署了一项行政命令，要求研发央行数字货币（CBDC）。对于企业来讲，要把握国际、国内元宇宙的宏观态势，掌握元宇宙基本理论，在相关领域进行创新，获得政策支持与资本支持。

进入元宇宙时代，要注意物理世界和虚拟世界的变换，这会带来很多新的挑战。例如，在虚拟世界中发生变化，而物理世界中没有变化的情况下，如何实施管控。一家集团公司在系统内从一个分公司将物资调拨到另一个分公司，但没有实物的移动，这种情况是否存在税收问题。在元宇宙平台上，虚拟资产是附加在一个员工的虚拟身份上的，那么当这个员工进行人事调动时，是否能够及时转换其资产。另外，很多资产还和真实的个人身份有关联，处理起来就更加复杂。元宇宙是一个经济系统，会有很多新的经济模式和经济政策，因此企业需要充分利用经济政策来促进自身的发展。例如，一家著名的民营集团采用集中报税的模式，使下属公司的税收尽可能集中，由集团统一安排资金，这样做有三个好处：第一是统筹税收资金，可以更好地管控资金，降低筹资成本，发挥资金价值；第二是可以控制时效，减少提前申报；第三是可以从集团层面统筹规划，充分利用税收优惠，减少税费支出。

14.6 改进企业的财务管理工作

企业的财务管理工作主要包括应收、应付、总账、风险控制、合规等内容。企业的每一项业务都伴随着资金的变化。企业的业务流同时也是物流、信息流、资金流。进入元宇宙时代，随着管控成本的下降，提升管控的精细度就变得非常有必要。

2005年12月9日，东京证券交易所宣布，为避免前一交易日因错误操作而被大量抛售的嘉克姆公司股票大幅波动，交易所全天停止该公司股票交易。瑞穗证券公司操盘手在12月8日将"以61万日元的价格出售1股股票"操作为"以1日元的价格出售61万股股票"，结果造成瑞穗证券公司损失约300亿日元。

2008年9月15日上午10点，美国第四大投行雷曼兄弟公司正式申请破产，但是10分钟后，其账户中多了3亿欧元巨款，而做出如此离奇事情的居然是德意志银行。

2022年3月14日，江西电视台都市频道报道南昌双汇生产车间存在工作服发黑发臭、猪排落地直接装袋入库、消毒环节太随意、风淋系统形同虚设等问题。3月15日，双汇发展股票跌停，报25.13元/股，跌幅为9.99%，市值蒸发96.67亿元。

进入元宇宙时代，为了改进企业的财务管理工作，企业需要以元宇宙的思维模式改进系统。例如，信息的展示方式要能够打动人。曾经有个故事，一个

企业的财务状况比较紧张，但总经理还是让财务人员给一个供应商付款，财务人员疑惑地问为什么，总经理说："你没看到信封上那个哭泣的图案吗？"在信息系统的设计上，以往大多以人的自觉性为基础，而在元宇宙时代，要把量值指标强化到个人能够感受到的地步。信息的传递要确保到位。德意志银行负责处理雷曼兄弟公司业务的高级经理希特霍芬让文员上网关注新闻，一旦有雷曼兄弟公司的新闻，就立即向他报告。但是，文员史特鲁克说："十点零三分我曾上网看到了雷曼兄弟公司申请破产保护的新闻，赶紧跑到了希特霍芬的办公室，他不在办公室，我将一张便条放在了桌子上，他回来就会看到。"然而，希特霍芬在休息室喝咖啡，并没有回来，所以没看到那张便条。

现在的信息系统第一要强调规范业务流程。例如，一项入库操作过账后，库存商品的成本价格就要同步变动。需要注意的是，这种同步变动要符合财务规范，需要结合国家、地区的相关政策和法律法规制定。不同国家的财务政策往往是不同的，甚至会有巨大差异。我国现在的经济活动日益国际化，所以企业要掌握政策差异，更好地与政府部门、客户、供应商进行交流，达成共识。

第二要强调数据标准化。以财务记账时汇率的处理为例，曾经有企业对不上账，结果发现是系统把人民币销售额与美元销售额直接相加。在企业中进行财务管理变革往往效果显著。例如，某企业以往采用出差回来就可以报销的模式，后来改变了模式，每周报销一次。财务室门口放了一个箱子，出差人员可以把票据放到箱子里，财务人员每周统一处理，这样财务人员就有时间做更多的事情，不会被随时打扰。而进入元宇宙时代，随着电子化手段的普及，报销可以及时处理。另外，财务工作相对而言规范性较好，因此可以实现业务、数据的标准化，广泛应用自动化、智能化手段，从而提高工作效率。未来，需要财务人员人工处理的事情会越来越少。

第三要强调财务管理工作的及时性。例如，某企业在厂长离任审计时发现，企业有一笔应收账款已经拖期三年，但是没有发现企业的催收记录。在这种情况下，应收账款很容易成为坏账，这是个很严重的问题。企业要强调以法为本，以系统为工具，结合企业政策，管控人员的行为，以确保财务管理安全可靠。

14.7 探索开展企业元宇宙投资

对于区块链、NFT 艺术品，从技术角度可以将它们看成一种多中心化的账本体系，通过加密、点对点等方式进行信息传输，可以大幅提升系统的可靠性、安全性。基于这种体系，可以产生多种商业模式。例如，虚拟化的 NFT 艺术品可以转化为实物。而对于很好的实物艺术品，通过销售 NFT 艺术品，可以促进实物艺术品的销售。

14.8 未来展望

总体来讲，元宇宙会带来巨大的挑战与机遇，企业将越来越多地向虚拟世界转移，企业的资产会从土地、装备等有形资产向无形资产、数字资产、虚拟资产转化。当前政策环境还不明朗，市场环境变化较快，因此企业要密切跟踪相关的法律法规，研究相关的各种技术标准，并与企业的产品、生产经营相结合，做到既不踩红线，也不延误时机。进入元宇宙时代，企业财务管理、金融投资的要求会越来越高，企业需要积极应对，从基础技术、业务集成、分布式、实时性多个维度进行提升，实现高水平管理，减少风险，创造价值。

第 15 章

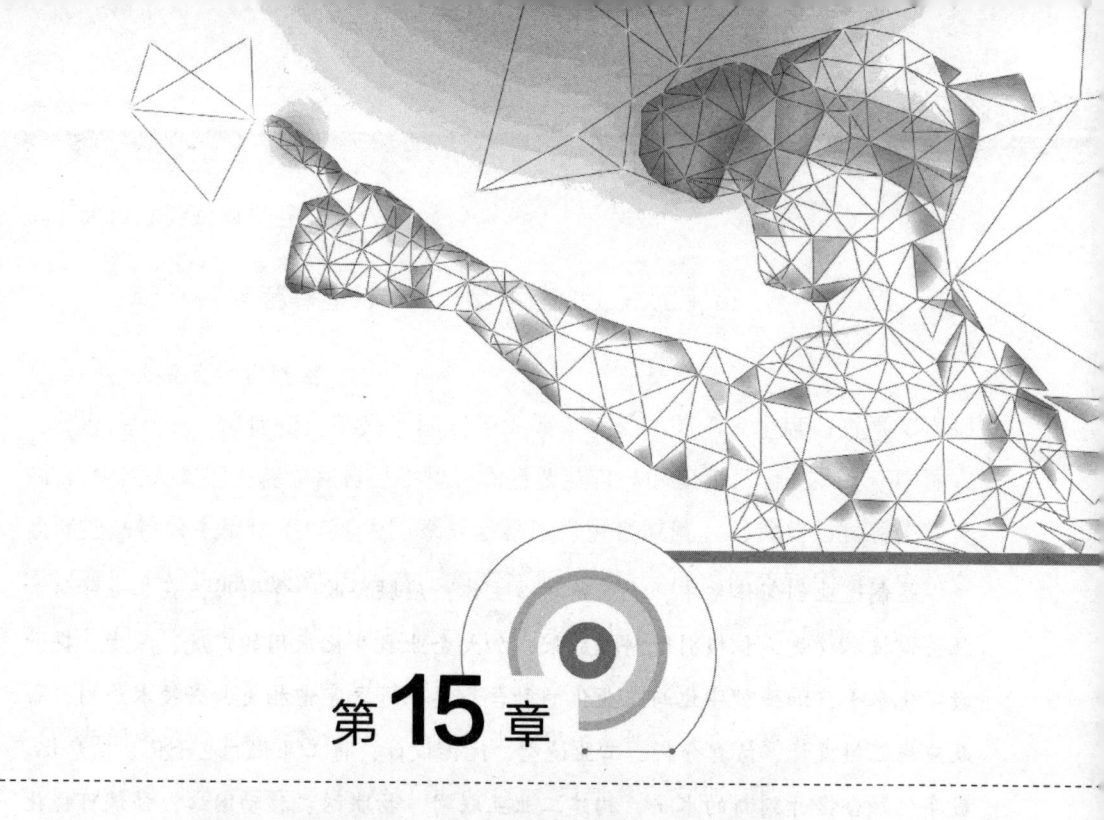

元宇宙时代的创新

在制造业创新体系中，企业是核心主体，应联合政产学研用，在工业领域加强关键技术攻关，积极引进科技成果，加大企业数字化应用的广度、深度，提升数字化水平，加强数字化与工业化的融合。要推进元宇宙相关新兴技术应用，普及应用三维设计、仿真分析、工业造型、优化设计，将工业化、电子化、信息化、数字化融合提升到新的水平，构建工业互联网、物联网、移动网络，强调可视化模式，应用VR/AR/XR技术，改进企业的生产、管理与决策。

15.1 创新的基本定义

创新是指以现有的思维模式提出有别于常规或常人思路的见解为导向，利用现有的知识和物质，在特定的环境中，本着理想化需要或为满足社会需求而改进或创造新的事物、方法、元素、路径、环境，并能获得一定有益效果的行为。

创新一般是针对问题的，这里的问题是指目前的状态和期望的状态之间的差别。问题可以分成三类，第一类是常规问题，或者大众公认的问题。第二类是如何保持现在比较好的状态，避免发生第一类问题。第三类是如何在当前状态很好的基础上做得更好。对于创新来讲，可以按照这三类问题来开展业务，即以问题为导向。

创新的类型有多种，传统的创新包括材料的创新、产品的创新、工艺的创新、组织的创新、市场的创新等。进入互联网时代，出现了很多新兴创新类型，如商业模式创新、组合式创新、集成式创新、接力式创新等。

企业的发展可以分为三个层级。第一层级是改进，第二层级是创新，第三层级是革命。以企业销售额为例，假设某企业原来的销售额为 1 亿元，后来销售额有了提升，提升的幅度为 10%~50%，这可以称之为改进。如果销售额提升 100%，则可以称之为创新。如果销售额提升 10 倍，则可以称之为革命。这就需要企业采取元宇宙的思维模式，结合热点，制定卓越的决策，并且真正落地执行到位，才可能实现。

先进的技术可以带来商业模式的创新。假如，北汽福田生产工程机械，工程机械价格昂贵，以前用户会采取贷款的方式购买。如果用户自身资产比较少，就不能贷款，也就不能使用工程机械。现在随着信息化技术、5G 网络的发展，可以在这种工程机械上安装 GPS 系统，厂家可以远程查看工程机械在什么位置，

是否处于工作状态。于是，北汽福田推出了融资租赁服务，用户只需要付出少量资金就可以使用工程机械，如按月缴纳使用费。如果用户没有按时缴纳费用，那么融资公司可以远程停机，然后派人把工程机械运回来。

15.2 元宇宙带来的创新机遇

进入元宇宙时代，由于有了更多的虚拟空间、数字空间，以及大量用户，尤其是虚拟用户，对数字化产品的需求就大幅增加。针对元宇宙，国家、地区都推出了很多促进政策，活跃的投资机构也在积极寻找投资标的。这些为创新创业奠定了基础。

元宇宙时代的创新要注意以下几点。

第一是创新的门槛。有了元宇宙这样一个平台，创新的门槛就降低了。例如，一个学生有一台计算机，就能完成基本的产品设计工作，而那些复杂的工作可以调用远程算力，按需付费。另外，在元宇宙中有大量用户，可以沟通交流，促进产品的改进。也可以多人合作，完成高难度的、复杂的产品设计。

第二是创新的规模性。首先，因为创新的门槛降低了，所以会出现规模性的虚拟或虚实结合的产品。其次，现实世界中有大量的生产企业和客户，即生产能力和市场是规模性的，因此容易实现由虚到实的转化。

第三是经济性。进入元宇宙时代，通过区块链、NFT 等模式，以及知识产权保护，可以更好地对创意和产品进行确权，而且可以便利地获取收益。更重要的是，元宇宙平台上汇聚了大量用户，一项很好的创新提交到元宇宙平台上，很容易通过平台投送给相关企业，进而促成交易，使创新者获得经济收益。

15.3 新兴技术应用

可以把技术分成三个层级，分别用不同的方式来处理。

第一个层级是未来已来的技术。一些成熟的技术由于费用比较高，难度比较大，甚至存在一定的风险，所以没有得到广泛应用，典型的如计算机辅助工程。进入元宇宙时代，随着基础设施和国内工业软件的发展，以及计算机软硬件能力的提升，这些技术有了普及应用的可能。例如，可以在一个地区设立一个公共服务中心，企业在公共服务中心使用相关的软硬件系统，相当于短期租用，这样显然可以大幅降低企业成本。现在一些厂商开始推广公共服务平台，这同样为低成本提供了可能性。投入不仅要看成本，更重要的是引进先进的技术、产品，可以使企业能力产生显著的提升，让企业具备市场竞争力。

第二个层级是新兴技术。可以把新兴技术分成两部分，第一部分是具有可用性的，第二部分是具有一定风险的。企业可以结合自身业务，应用新兴技术中具有可用性的部分，或者集成应用多种新兴技术，对业务进行改进、创新甚至革命。这样就可以在保证可靠性的基础上做一些样板性应用。

第三个层级是面向未来的技术。在工业领域，人们常说"生产一代，开发一代，预研一代"。显然，为了保持企业的长久竞争力，企业必须进行面向未来的研究。但是，怎么确定研究方向是值得深思的，这里提出三种模式。第一种是创新式设计，这种设计不是简单的基于现有产品的改造，而是面向需求的设计。第二种是分析大环境，思考未来的发展态势，包括经济、文化、国家关系等，核心在于面向未来的设计，这种模式不考虑具体客户，只深度思考发展方向，不算小账，只看赛道。第三种是基础研究，尤其是目前我国在国际竞争中卡脖子的基础技术、产品，需要工业企业联合起来，构建生态，群策群力地进行研究，不仅要追赶，更要超越。

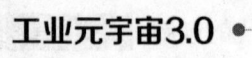

15.4 从基层创新到战略创新

企业的资源包括人、财、物，而人显然是其中最具活力的部分，因此构建创新文化，发挥人的积极性至关重要。进入元宇宙时代，个人可以拥有更好的创新工具，如三维设计软件、仿真软件，这样可以基于计算机构建虚拟样机，模拟多种场景（工况）下的状态，工业产品的创新成本可以大幅下降。而通过网络系统，可以连接企业内部、企业供应链，乃至全世界的相关人员，并且可以利用 VR/AR/XR 等技术实现交互，从而更好地展示、评价、改进工业产品。企业要鼓励基层员工从企业的角度来思考产品改进和创新，促进基层创新上升到战略创新。当然，企业在元宇宙时代也需要积极推进创新文化建设，改进管理思路，从管理员工转变成赋能员工，从而让企业更具活力。

15.5 创新平台

工业企业需要建立自己的创新平台，为企业员工的创新提供便利，倡导创新文化，制定相应的鼓励政策。例如，上海中集冷藏箱有限公司曾经推出 321 项目，要求每位员工每个季度要提出三条提案，其中两条被认可，一条被落实执行。提案提交后，可以查看提案的人除了员工的直接领导，还包括相关业务部门的领导。提案提交后至少会有三个人看到，这样就保证了一些好的提案不会仅仅因为一个人的反对而被埋没。企业非常重视这个项目的执行，每个季度都会召开全体员工大会，对好的提案进行表彰，由公司总经理授予证书，发放奖金，并在全公司宣传。企业通过这种方式获得了很多很好的提案，为企业创造了数百万美元的收益。

艺薯星球®——全球首个土豆元宇宙

一、土豆元宇宙概述：

古往今来，粮食安全都是治国安邦头等大事。中国国家主席习近平多次强调，"中国人要把饭碗端在自己手里，而且要装自己的粮食！"自2015年中国农业部把马铃薯主粮化工作列为国家战略且取得可喜成就。马铃薯与甘薯主粮化不仅有助于推进种植业结构调整，实现农业可持续发展，保障我国粮食安全，而且有助于改善和丰富我国居民膳食营养结构，提高广大居民大健康水平。

做为全球首个土豆元宇宙——艺薯星球，未来发展之共建共创共享：

与国家第四主粮紧密结合，将在产业数字化条件下整合全球薯业；

与科技做邻居——通过DAO组织打造科技平台，文创无限迭代；

艺薯为邻·好吃不断——形成元宇宙食物阶级，发展元宇宙社交；

形成土豆大单品Web3.0——全球首个食物星球，金融价值无限；

IP引领，高频刚需——以世界知名艺术家命名社区，价值观驱动；

打造线下有机农场——可溯源有机农业体系，有机食品稀缺供应；

成为艺薯星球成员，众生收益，健康理念，家族传承，永续发展；

土豆元宇宙是一个以土豆作物及符号为核心，利用数字经济将土豆产业链和土豆文化产业紧密串联的全新概念。在中国模式下，土豆在乡村振兴中扮演着重要的角色。

该模式旨在通过数字化技术，将土豆的种植、加工、销售等环节与文化产业相互融合，创造出新的经济增长点。具体而言，通过将一二三产业与文化产业相融合，推动土豆产业的升级和发展。

在一产农业方面，可以利用数字化技术提高土豆的种植效率和品质，推动农业现代化。在二产工业方面，可以通过深加工提高土豆产品的附加值，促进产业升级。在三产服务业方面，可以开发与土豆相关的文化产品和旅游项目，提升土豆的品牌价值。

此外，通过打造中国土豆品牌，将中国的土豆产业推向世界，提高中国在

全球马铃薯产业中的竞争力。需要加强产品研发、文化推广、品牌建设、市场营销和国际合作，让更多的人了解和认可中国土豆。

总的来说，土豆元宇宙将数字经济、土豆产业链、土豆文化产业、乡村振兴等多个领域融合在一起，为中国的土豆产业创造新的增量，推动中国土豆高质量发展，同时将中国优质农产品推向国际，走向世界。

二、土豆元宇宙数字化如何实践

在土豆元宇宙中，土豆从种植、加工、销售到消费的全过程都被数字化。种植者可以利用物联网技术和大数据分析，实现农产品溯源、精准种植和智能化管理。加工企业可以通过数字化供应链管理，提高生产效率和产品质量。销售环节则利用电子商务和区块链技术，保证交易的安全和透明。消费者通过虚拟现实和增强现实技术，获得沉浸式的购买体验。

同时，土豆元宇宙还将土豆文化产业融入其中。用户可以在虚拟世界中体验土豆文化，参与土豆主题的游戏、活动和社交。元宇宙中的创作者可以利用数字工具和平台，开发和分享土豆相关的数字内容，如音乐、艺术、文学等。

通过土豆元宇宙，数字经济被充分利用，不仅提升了土豆产业链的效率和竞争力，还创造了丰富的土豆文化产品和体验。这种模式为中国农业产业的数字化升级提供了新思路，也为元宇宙在实体经济中的应用提供了有益的探索。

数字经济在土豆元宇宙中的应用广泛，涵盖了农业生产、供应链管理、营销、文化创意等多个领域。这种创新模式将为土豆产业的发展带来新的机遇和挑战。我们尝试探索——

电子商务平台：消费者可以通过电子商务平台，如淘宝、京东等，购买各种土豆产品，如土豆食品、土豆周边产品等。这些平台提供方便的购物体验，消费者可以轻松浏览和比较不同产品的价格、质量和评价。

虚拟现实商店：利用虚拟现实技术，消费者可以进入虚拟的土豆商店，身临其境地浏览和购买土豆相关的产品。在虚拟现实商店中，消费者可以与虚拟售货员互动，了解产品信息，并进行购买决策。

增强现实体验：通过增强现实技术，消费者可以使用手机或平板电脑等设备，在现实环境中查看虚拟的土豆产品信息和评价。例如，当消费者在超市中看到土豆时，他们可以使用增强现实应用程序获取关于该土豆的种植地点、营养价值等详细信息。

线上游戏和活动：土豆元宇宙可以举办各种线上游戏和活动，消费者可以参与其中，赢取土豆相关的奖励或购买折扣券。这些游戏和活动可以增加消费者的参与度和购买意愿。

社交媒体和社区：通过社交媒体平台和在线社区，消费者可以与其他土豆爱好者交流，分享土豆烹饪经验、土豆文化等。商家也可以在这些平台上推广土豆产品和服务，吸引消费者购买。

三、土豆元宇宙的挑战与机遇

土豆元宇宙未来将是一个以土豆作物和土豆符号为核心，利用数字经济串联起土豆产业链和土豆文化产业的全新模式。在这个元宇宙中，中国模式将发挥重要作用，通过数字化手段推动乡村振兴，为中国一万亿人民币的土豆产业创造新的增量，并助力马铃薯产业走向世界，打造中国品牌。

下图为土豆元宇宙的超级谱系：

总之，数字经济为中国的土豆产业链和土豆文化产业带来了巨大的发展机遇，但同时也伴随着一些挑战。充分利用数字技术，加强合作与创新，将有助于推动中国土豆产业的升级和文化产业的繁荣。

面对日益激烈的国际竞争和粮食安全战略的挑战，以及中国从农业大国迈向农业强国的国家战略背景下，让我们携手共同组建土豆元宇宙，旨在弘扬中华农业文明，提升全面健康指数，秉承钱学森先生大成智慧理论和第六次产业革命的伟大设想，通过产业数字化提供DAO组织和一站式数字化服务平台，铸就中国农业种子芯片和再造产业生态圈，在新的历史机遇下，与各合作伙伴、机构、组织及企业共同迈向"土豆元宇宙"崭新的未来！

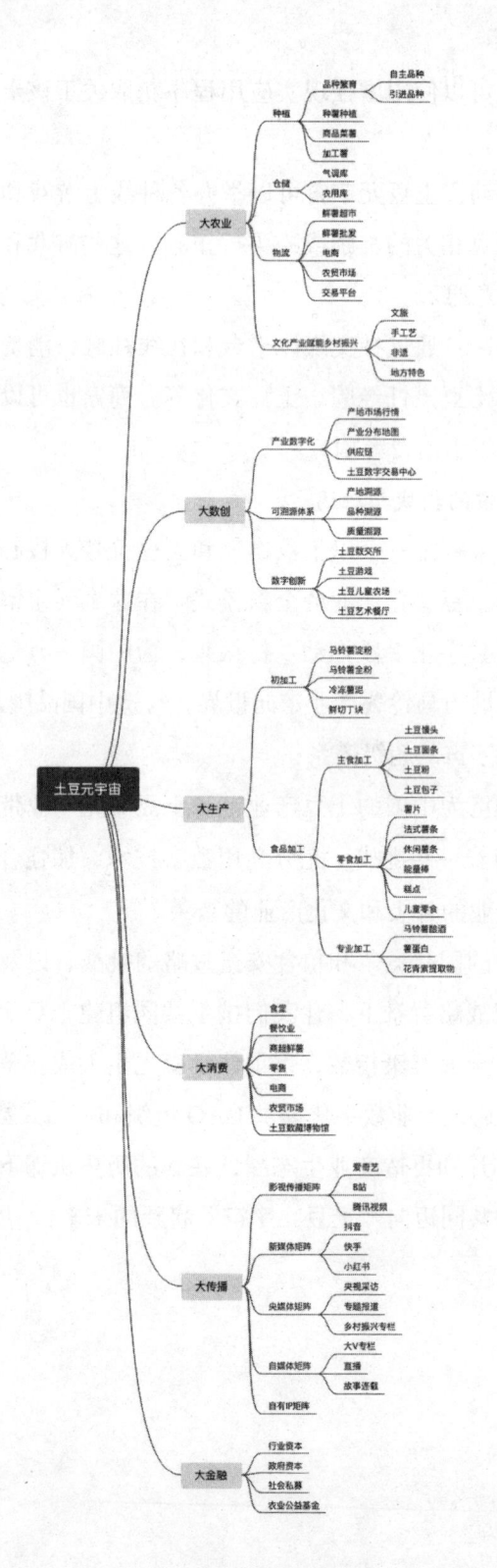

工业元宇宙3.0

土豆元宇宙
- 大农业
  - 种植
    - 品种繁育
      - 自主品种
      - 引进品种
    - 种薯种植
    - 商品菜薯
    - 加工薯
  - 仓储
    - 气调库
    - 农用库
  - 物流
    - 鲜薯超市
    - 鲜薯批发
    - 电商
    - 农贸市场
    - 交易平台
  - 文化产业赋能乡村振兴
    - 文旅
    - 手工艺
    - 非遗
    - 地方特色
- 大数创
  - 产业数字化
    - 产地市场行情
    - 产业分布地图
    - 供应链
    - 土豆数字交易中心
  - 可溯源体系
    - 产地溯源
    - 品种溯源
    - 质量溯源
  - 数字创新
    - 土豆数交所
    - 土豆游戏
    - 土豆儿童农场
    - 土豆艺术餐厅
- 大生产
  - 初加工
    - 马铃薯淀粉
    - 马铃薯全粉
    - 冷冻薯泥
    - 鲜切丁块
  - 食品加工
    - 主食加工
      - 土豆馒头
      - 土豆面条
      - 土豆粉
      - 土豆包子
    - 零食加工
      - 薯片
      - 法式薯条
      - 休闲薯条
      - 能量棒
      - 甜点
      - 儿童零食
    - 专业加工
      - 马铃薯醋酒
      - 薯蛋白
      - 花青素提取物
- 大消费
  - 食堂
  - 餐饮业
  - 商超鲜薯
  - 零售
  - 电商
  - 农贸市场
  - 土豆数藏博物馆
- 大传播
  - 影视传播矩阵
    - 爱奇艺
    - B站
    - 腾讯视频
  - 新媒体矩阵
    - 抖音
    - 快手
    - 小红书
  - 央媒体矩阵
    - 央视采访
    - 专题报道
    - 乡村振兴专栏
    - 大V专栏
  - 自媒体矩阵
    - 直播
    - 故事连载
  - 自有IP矩阵
- 大金融
  - 行业资本
  - 政府资本
  - 社会私募
  - 农业公益基金

· 178 ·

第16章

工业元宇宙的未来展望

第10章

工业元素硫市场与展望

16.1 概述

在工业制造领域，相关的国家政策包括中国制造 2025、美国的工业互联网、德国的工业 4.0，综合而言，都在强调"数字化、互联网、人工智能"+"制造业"。而进入元宇宙时代，要强调"个人创意/体验"+"数字化、互联网、人工智能"+"制造业"。很多专家都认为元宇宙是具有划时代意义的。钱学森曾经将 Virtual Reality（虚拟现实）译为"灵境"，认为灵境"将使人进入前所未有的新天地，新的历史时代要开始了"。可以预期的是，工业元宇宙将给人们带来一个美丽新世界。

展望未来，各类用户将创造海量的有价值的内容；网络等基础设施的能力将得到充分利用，具备高算力、高展示力的设备将更为先进；通过 VR/AR/XR 技术将实现更好的展示与交流，手势、体感、脑波等新型交互技术可以更好地表达、接收、交流个人思想；人工智能、人机结合，加上 3D 打印、集成制造、智能制造、云制造等工业基础设施，可以更加高效便捷地促进虚拟产品变成现实产品；工业产品必将极大地丰富，且更为美观便利，同时实现成本降低、质量提高、价值提升（如图 16-1 所示）；国民经济将高速发展，社会将更具创新活力与创新能力，人民将享受更多的获得感与幸福感。

图 16-1　各类工业产品

16.2 基础设施的能力提升

基础设施除了一般意义上的云管端，还包括工业元宇宙的相关理论、核心技术、基础产品等内容。

由于元宇宙是个新生事物，存在不确定性，因此各种基本理论将实现突破，在信息论、控制论、人工智能、系统论、管理学等方面也将有大量的创新，与金融理论、经济理论、传播理论、创新理论等结合后，还会出现大量的集成创新理论。

在核心技术方面，算法、模型、协议、标准等都会发生革命性变化，其中的大量指标将有显著性变化，而与人结合的各种指标体系将更为广泛，如展示的信息分辨率将与人的眼睛一致，响应的频率将与人的反应时间匹配。

可以预期的是，我国的新基建、数字经济将会进入一个新的时代。但是，促进基础设施建设是需要高水平的顶层设计的，现在可以开展各种宏观预研工作和有针对性的微观设计工作，通过大量好的案例和好的成果，归纳出理论知识，进而促进整体的顶层设计和全面深化发展。

16.3 元宇宙产业的发展

一般认为，元宇宙产业包括游戏、设计、VR/AR、虚拟人、NFT 艺术等。但本书认为，从广义上讲，原有的信息化产业也是元宇宙产业的一部分。

在元宇宙平台方面，传统的互联网巨头将持续发力，并与传统行业巨头实现强强联合，构建更为强大的平台。在国家的监管、客户和消费者的自主意识越来越强的基础上，元宇宙平台将日趋服务化、透明化。可以预期的是，将出现越来越多的元宇宙巨头，呈现共建、共创、共有、共享、共治的新格局。

在元宇宙的具体产品方面，将会出现百花齐放的局面，产品的普及程度也会更高。

在培训教育方面，有大量人员需要掌握与元宇宙相关的新知识、新技能，要结合产业需求，实现订单式培训，从而促进元宇宙产业的快速发展。

16.4 城市和地区的发展

目前，我国各级政府纷纷出台元宇宙相关政策，支持元宇宙产业的发展。例如，工业和信息化部表示要培育进军元宇宙的创新型中小企业；北京市将启动城市超级算力中心建设，推动组建元宇宙新型创新联合体，探索建设元宇宙产业聚集区；上海将元宇宙写入电子信息制造业发展"十四五"规划；浙江省数字经济发展领导小组办公室将元宇宙作为2023年重点未来产业先导区的布局领域之一；江苏省无锡市成立元宇宙创新联盟，无锡市元宇宙产业园挂牌，滨湖区推出《太湖湾科创带引领区元宇宙生态产业发展规划》；网易元宇宙产业基地落户三亚，将推动海南自由贸易港在数字文化建设方面取得新成果；深圳成立元宇宙创新实验室；武汉将元宇宙写入政府工作报告；合肥前瞻布局元宇宙产业；张家界成立元宇宙研究中心。

对于城市和地区而言，需要面向国际和国内市场，结合自身特色，引智、引财、引数据、引资源、引政策。要发展元宇宙企业集群，实现理念跨越，用虚拟带动现实，用技术赋能产业，促进地区经济高速高效健康发展。要构建云平台、链平台、集成创新平台，提升数字经济基础设施能力，支撑产业发展。

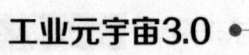

16.5 政府服务与治理

在城市的规划建设和日常管理中，可以利用模拟现实的方法，构建数字孪生模型，实现全局统筹，减少隐患，促进科学决策。可以实现对于城市的基础信息、各种状态进行实时性、完整、精细、正确的感知，避免不确定性、延时性，从而提升城市管理能力。可以充分利用大数据技术、人工智能技术、数据采集技术、虚拟现实展示技术，促进协同沟通，实现统一指挥，使人、物、建筑、自然环境都处于一种良性状态，出现问题可以及时发现并解决，从而使城市成为人类的宜居家园。

在工业企业的生产运营过程中，政府需要进行安全、环保、应急等监管工作，实现可视、可管、可控。随着元宇宙时代的来临，越来越多的先进技术得到了广泛而深入的应用。

在安全监管方面，政府部门构建数字化管理平台，一张地图展示辖区的所有生产企业，实行网格化管理，每个企业都有一个二维码，在安全检查的过程中，通过扫码在对应的界面中将安全问题输入平台。企业通过App填报整改信息，提交照片等材料。监管人员按照流程要求，进入系统查看整改情况。同时，根据问题的级别设置二维码的颜色，根据颜色管控安全检查频次。安全监管从以前的由人主导变成数字化监管，全面留痕迹，过程透明、公开（如图16-2所示）。

在生态环境监管方面，采用物联网技术、视频监控技术、人工智能技术，构建数字化平台，对企业的排放情况进行管控（如图16-3所示）。例如，系统经过数据运算产生报警信息，提示出现短暂的排放超标后快速回落的不合理现象。生态环境执法人员通过回溯视频监控，发现企业员工将检测探头放置到矿泉水瓶中，因此排放数据快速回落。锁定线索、固定证据后，环保、公安、检测部门联合执法，对环境犯罪案件及时予以处置。

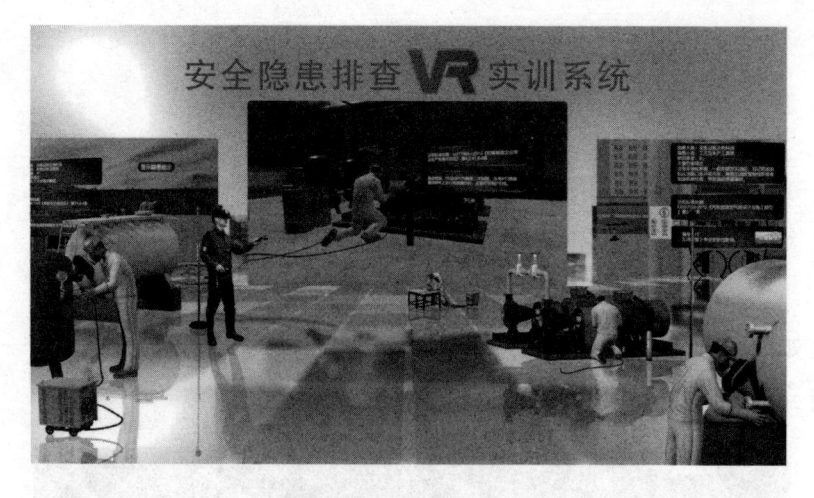

图 16-2　安全监管

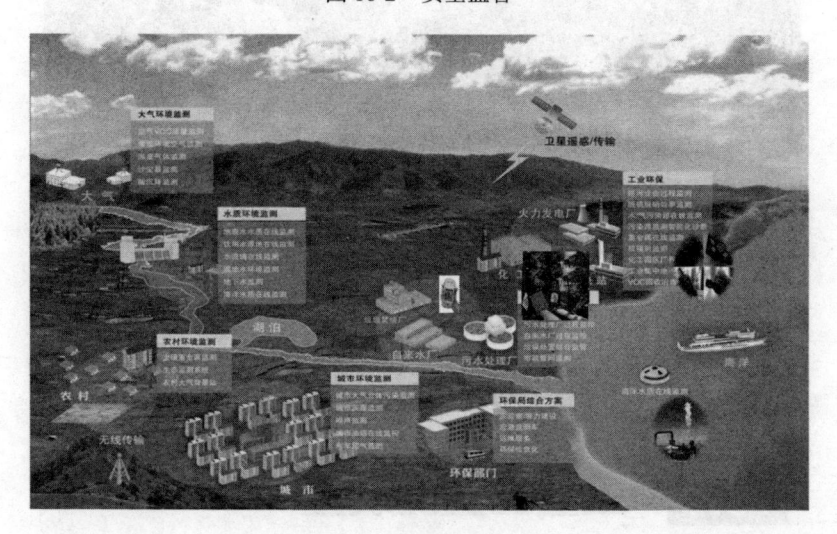

图 16-3　生态环境监管

在应急管理方面，预期会有越来越多的元宇宙技术、产品投入应用。例如，可以在虚拟世界中模拟火灾、水灾、地震等严重事件，不仅成本较低，造成意外伤害的可能性也比较小。

在工业元宇宙的发展过程中，一些具有前瞻性、理性思考的城市将会聚合元宇宙高端资源，结合自身特色，打造新的城市品牌，发展城市新经济，上演城市新故事。

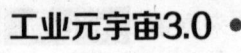

16.6 工业大众的展望

例如，现在 VR/AR 设备逐步普及，销售规模已超过千万台，作为下一代终端设备，其数量将会高速增长，显然需要创造更多的内容。

图 16-4　VR/AR 设备应用

16.7 工业企业的展望

工业企业要有建立世界级品牌的意识，积极应对挑战，把握发展机遇。要应用元宇宙相关理念、技术、产品，全面提升自身的水平与能力，发挥广大员工的聪明才智，参与元宇宙平台建设，构建产业生态。

短期内，企业可以应用元宇宙相关技术，在远程营销、远程管控方面加强创新，以赢得更多订单，获得更大的市场份额，提升管理水平，与客户建立起紧密的合作关系，为企业的进一步发展开拓新天地。

规模型企业要以创新的理念构建工业产品与服务，产品的功能要越来越多，性能要越来越好，从而形成超智能产品。专精特新企业则要选择细分赛道，利用自身的特色，打造具有竞争力的产品，在细分领域成为世界冠军。

16.8 未来展望

综合而言，工业元宇宙在中国的发展，离不开政策的支持、企业主体的奋进和个人的努力。工业元宇宙将数字经济与实体经济深度融合，从而赋能实体经济的转型升级。在政府政策的支持下，以及企业从高层管理者到普通员工的共同努力下，针对典型的、多元化的场景应用元宇宙相关技术、产品，提升业务水平和管理水平，将促进工业企业的高速发展、转型升级，推动制造过程实现数字化、智能化，提高产品质量水平，从而使中国制造业做大做强。

后　记

与工业元宇宙的缘

李正海

1. 引子

我与工业元宇宙的缘，是一点一点加深的。2021 年 7 月 26 日，易欢欢通过微信告诉我，《元宇宙》与《元宇宙通证》两本专著将召开新闻发布会。2021 年 10 月 23 日，我在参加中关村新产业 50 人论坛时，见到了赵国栋，听他介绍了元宇宙，有了一点朦胧的感觉。2021 年 11 月 6 日，我和中车永济电机有限公司的总法律顾问苏志波谈起企业信息化，他建议我给企业领导做个信息化方面的培训，我顺口说道："你们也是个规模过百亿的企业，信息化做了这么多年，得讲点新东西，大家才愿意听，不如讲元宇宙呢。"于是，在 2021 年 11 月 8 日就开始了我的元宇宙之旅。

有句话叫"不看不知道，一看吓一跳"。从新闻的角度说，名人名事最抢眼球。对我而言，2021 年 10 月 29 日，马克·扎克伯格宣布 Facebook 将改名为 Meta，这才是真正具有里程碑意义的大事件。而目前有很多介绍元宇宙的材料都说，元宇宙的起源是尼尔·斯蒂芬森在 1992 年出版的小说《雪崩》。在我看来，从这本小说的出版到游戏公司罗布乐思（Roblox）的上市，再到国内的腾讯提出的全真互联网，都是元宇宙的前奏而已。

后 记 与工业元宇宙的缘

我是机械专业出身，30年来主要致力于用信息手段赋能工业企业，从大型国有企业到集团性企业，再到公共服务平台，还参与了一些政策的制定，可以说取得了很多成果。透过纷纷扰扰，我意识到元宇宙作为一种概念、一种集成化技术、一种模式，将给工业带来巨大的改变，因此我决定专门研究工业元宇宙。

2. 小荷才露尖尖角

2021年11月13日，我应邀参加了一个沙龙，作了一个工业元宇宙方面的报告，介绍了虚拟技术促进产业发展的案例（时速180公里准高速内燃动车组项目立项时的工业造型），以及工业元宇宙的定义、工业元宇宙的核心要素、元宇宙产业的发展等内容。总体而言，有了一些基本认识，但还有很多概念没有澄清。

随后我与一些工业界的朋友进行了交流，结果让我很意外，大部分人都说不了解元宇宙，也有一些人说看不懂。一些企业的总经理、总裁、副总裁对我说，元宇宙太虚，我们不介入。我的一位老领导则说，元宇宙只是个概念，看不出怎么落地。我和我曾经所在企业安技环保处的周国洪处长进行了深度沟通，探讨了元宇宙与安全工作的结合，撰写了文章《元宇宙工业领域落地方法探讨——从VR/AR/MR到MetaR》。

3. 欲穷千里目

2021年11月25日，我应邀在"中国智能制造万里行"做了两个小时的直播。这次直播探讨了工业元宇宙的价值、特性、要素与阈值，元宇宙在工业企业中的需求和应用，以及工业企业的新模式，强调了工业企业研究元宇宙、进入元宇宙的可行性、必要性和迫切性。

2021年11月11日，中国移动通信联合会元宇宙产业委员会揭牌，并发布了《元宇宙产业宣言》，提出元宇宙是前沿数字科技与文化智慧的集成体，倡导六大方向：

（1）坚持以人为本，共绘元宇宙数字生活美好画卷；

（2）坚持融合融通，共促新基建数字经济优化升级；

（3）坚持匠心精神，共谱元宇宙赋能实体崭新篇章；

（4）坚持知行合一，共筑元宇宙守正创新发展之路；

（5）坚持行业自律，共创元宇宙数据价值未来生态；

（6）坚持开放合作，共建元宇宙全球创新发展共同体。

2021年12月11日，我参加了由中国移动通信联合会元宇宙产业委员会举办的"元宇宙：灵境与科学艺术"纪念钱学森先生诞辰110周年暨2021元宇宙产业论坛。在会上俞梦孙院士介绍，他受钱老的系统理论的启发，提出了"人体自组织系统环境适应理论"。其他专家、领导也介绍了自己对元宇宙的理解和展望。

30年前，钱学森先生以"中国味"的"灵境"命名了"Virtual Reality"。

30年前，钱学森先生的"大成智慧"预言了今天的"元宇宙"。

"灵境技术是继计算机技术革命之后的又一项技术革命。它将引发一系列震撼全世界的变革，一定是人类历史中的大事。"

这次会议提议尊崇钱学森先生为我国"元宇宙之父"，探讨了元宇宙产业如何健康快速发展，展示了元宇宙发展案例和成果。

这次会议坚定了我继续深入研究工业元宇宙的决心，而且我对钱老提出的开放复杂巨系统产生了浓厚的兴趣，随后进行了大量的资料查询、研究工作。我认为，工业元宇宙应该有一些量化的指标。

4. 更上一层楼

2021年12月25日，我参加了由北京设计协会与民盟北京市委职业教育委员会等单位举办的元宇宙"非遗教育设计"沙龙，听了北京邮电大学侯文君教授所作的报告《从元宇宙看信息交互设计》。

2022年1月13日，我在中国系统架构师大会上作了报告《灵境（元宇宙）赋能传统产业创新之架构探索》，认为元宇宙将为传统产业带来巨大的机会，将促进基层创新、流程创新、战略创新，而通过接力式创新，将降低创新的难度，提升创新的广度、深度与集成度，最终百花齐放，实现精神文明与物质文明的双丰收。

但是，安世亚太公司的张国明董事长、中国中车戚墅堰所的陈笃总工程师对于我提出的工业产品的虚拟化要达到可制造的水平，都表示很大的疑问，认为这是做不到的。我也认同这种观点，工业产品从设计、生产、应用到拆解回收的整个过程包含大量不确定性，怎样才能更好地仿真，保证工业产品的质量，发挥工业产品应有的效能呢？后来，我参与了一次欣纬香山研究院李云副院长举办的智慧公共安全沙龙，作了报告《利用智能化赋能应急安全管理创新》，并与诸位专家进行了交流。我认为，从安全、应急、管理创新的一些场景来综合思考元宇宙是个恰当的模式，于是有了一些基本的想法，那就是仿真分析至少要按照4种模式来设计。

（1）工业产品的常规应用模式。在这种模式下，过去由于时间、资源等的约束，我们很多产品的计算工况比国外企业要少，数据的完整性、规范性往往不足，有待大幅改进。

（2）工业产品的极限应用模式。核心是安全系数的设计，可以通过试验来验证，也可以采取样件、样机的方式进行验证。

（3）工业产品的应急处置模式。如产品局部失效或者整体失效后的状态，产品失效时对于人身安全的保护等。

（4）工业产品的异常状态模式。要构建工业产品的基础模型、数据、算法，要有一些快速处理的技术策略与管理资源，从而实现快速高效响应，避免更大的损失。

5. 蓦然回首

我针对之前提出的赋能传统产业的创新再次进行了思考，撰写了《工业元宇宙的探索性解读》一文，对工业产品虚拟化、工业制造主要过程、人机关系、

工业企业在元宇宙时代的先进技术应用、平台建设做了进一步解读。

结合元宇宙的概念和历史知识，我又撰写了《从中国古代历史知识中寻求元宇宙的真谛》，说明真实感、沉浸感的意义就在于可以让人在紧急的情况下爆发出惊人的能量，能做到平时做不到的事情。

6. 灯火阑珊

目前，上海、重庆、深圳、无锡、张家界等城市纷纷拥抱元宇宙，"元宇宙"屡登委员提案，中国移动通信联合会元宇宙产业委员会等组织纷纷涌现，而与元宇宙相关的会议、沙龙、大赛层出不穷，一些采访报道、文章不绝于耳。

可以将工业元宇宙狭义地理解为信息化的单元技术提升、集成性提升，重点强调可视化水平，目的是让人能更好地体验，从而快速思考、触动心理，产生合适、有效的行动。工业元宇宙在智能产品、智能制造、智慧工厂及工业云平台等诸多方面都将得到广泛、深层次、高水平的应用。利用元宇宙概念下的数字孪生技术，促进企业的海外营销，更好地实现远程监控，保障重要工业产品的应用，将是工业元宇宙的起点。

7. 结论

元宇宙来了，是一种千里姻缘，跨越古今。对于灵境，钱学森钱老提出："它能大大扩展人脑的知觉，使人进入前所未有的新天地，新的历史时代要开始了！"我撰写的《工业元宇宙》，主要包括工业元宇宙的概念、技术基础、应用场景、资源管理、集成发展、未来展望等内容。希望这本书的出版能给工业界提供一些指导，促进我国工业实现数字化和智能化。

◆ 编注语

李正海先生于2022年11月20日中午不幸病逝，享年51岁。

后 记

天妒英才身先去，妙笔华章元宇宙。李正海先生，英年早逝，令人十分悲痛！

李正海先生是中国移联元宇宙产业委联席秘书长，工业元宇宙领域的探索者与先行者、元宇宙产业先锋大将，发表近百篇工业相关学术领域的论文，先后建立了上百个工业元宇宙工作群，曾与各路元宇宙领域的朋友共商发展，为推动工业元宇宙在各地的落地发展做出巨大努力。

李正海先生患病期间仍在病榻上打着点滴多次探讨各地的元宇宙发展，整理探讨他牵头与众人合著的《工业元宇宙3.0（第一稿）》的结构和逻辑思路。他丝毫不顾及病情，每每谈及手术，总是玩笑话之，戏言坐等切割，零件修理完毕即赴上海与君把酒言欢，毕竟是上海女婿，终有一天要去上海与君并肩战斗，不想竟从此阴阳两隔。

出师未捷身先死，长使英雄泪满襟。《工业元宇宙3.0》后续通过以张星智为领衔的专家同事团队全力以赴，即将出版。但李正海先生却留下了永世的遗憾，我们不会忘记李正海先生前期为《工业元宇宙3.0》的巨大付出，也不会忘记他与业界同仁分享工业元宇宙的探索经验。

我们原文保留了2022年11月李正海先生撰写的他自己还来不及修改的《与工业元宇宙的缘》一文作为《工业元宇宙3.0》的后记，以此来感谢李正海先生，感谢千千万万类似李正海先生的行业同仁为中国元宇宙发展做出的不懈努力。

附 录

应用实践——中国移动通信联合会元宇宙产业工作委员会第一届全体委员

共同主席（3人）
  沈昌祥 著名信息系统专家、中国工程院院士、中央网信办专家咨询委员会顾问
  郑纬民 著名超算领域专家、清华大学教授、中国工程院院士
  倪健中 元宇宙倡导者、中国移动通信联合会创始人、执行会长

学术指导：（3人）
  戴汝为 著名的自动控制、模式识别、智能科学、系统科学专家，中国科学院院士
  郭毅可 著名分布式数据专家、英国帝国理工学院终身教授(最年轻)、数据科学研究所所长，英国皇家工程院院士、欧洲科学院院士
  任福继 著名智能机器人专家、日本工程院和欧洲工程院院士

产业指导：（3人）
  邓中翰 著名大规模集成电路及系统专家、星光中国芯工程总指挥、中国工程院院士（当选时，最年轻院士）
  陈清泉 世界电动车之父、香港第一位中国工程院院士、英国皇家工程院、匈牙利工程院、乌克兰工程院香港工程科学院、剑桥大学丘吉尔学院等国际知名机构院士，澳门特别行政区行政长官科技顾问
  谭建荣 机械工程专家，中国工程院院士，浙江大学求是特聘教授、博士生导师

特邀主席：
  丁 磊 网易创始人

联席主任委员：（3人）

　　张　森　著名计算机专家、浙江大学教授、杭州大学计算机系创始主任

　　李安民　著名电信专家、时任中国电信新国脉数字文化公司党委书记、董事长，现中国电信研究院副院长（二级正职）

　　乔卫兵　元宇宙重要推动者、中国出版集团中译出版社党委书记、社长、总编辑

执行主任委员：（4人）

　　于佳宁　数字经济专家、中信出版《元宇宙》著者、中国通信工业协会区块链专委会共同主席、经济学博士

　　杜正平　数字化专家、华为云/京东云创建人、中国移动通信联合会首席战略官

　　鲁俊群　数字经济战略专家、清华大学人工智能国际治理研究院秘书长、中美战略与经济对话代表团成员（2014年和2015年）、欧美同学会研究院高级研究员、留美分会常务副会长、中国工业互联网智库委员会专家委员

　　赵国栋　首本《元宇宙》著者、媒体誉为"元宇宙第一人"，国家发改委"新基建"课题人，中关村大数据产业联盟秘书长。（一届二次主任委员会议增补）

常务副主任委员：（计10家/位，单位5家，个人5位）

　　　法国智奥会展集团中国区总部

　　　上海风语筑文化科技股份有限公司【603466】（李晖）

　　　宽度网络科技（山东）有限公司（张德华）

　　　浙江金科汤姆猫文化产业股份有限公司【300459】（朱志刚）

　　　浙文互联集团股份有限公司【600986】（唐颖）

　　甘华鸣　中国通信工业协会区块链专委会终身副主任委员

　　沈　阳　清华大学新媒体研究中心执行主任、教授、博导

　　潘志庚　中国虚拟现实技术创新平台副理事长、南京信息工程大学人工智能学院院长、杭师大VR与智能院院长、教授

　　陈　钟　北京大学软件与微电子学院创始院长、北京大学网络与信息安全实验室主任、北京大学工程学位评审委员会副主任、教授、博导

　　邢春晓　清华大学信息技术研究院副院长、清华大学互联网产业研究院副院长、清华大学电子政务研究中心主任、教授、博导

副主任委员：（计26家/位，单位6家，个人20位）

　　　深圳中青宝互动网络股份有限公司【300052】（李瑞杰）

北京蓝耘科技股份有限公司　【871169】（李健）
北京元隆雅图文化传播股份有限公司【002878】（孙震）
杭州平治信息技术股份有限公司【300571】（郭庆）
德艺文化创意集团股份有限公司【300640】（吴体芳）
吉林省国参链盟生物工程有限公司

王鸿冀　中国移动通信联合会应用平台工委理事长

蔡恒进　武汉大学教授

姚海军　《科幻世界》副总编

赵忠抗　工信部机关原巡视员

薛增建　杭州市信息安全协会会长

陈晓华　中国移动通信联合会教育与考试中心主任

韩举科　中国通信工业协会秘书长

周金泉　澳门理工学院教授

苏　彤　中国通信工业协会数字经济分会副会长

王丹力　中国科学院自动化研究所研究员　博导

李汉南　广西网络信息安全服务研究院执行院长、高级工程师

马方业　经济日报集团高级编辑、某证券金融媒体资深副总编

娄　岩　中国医科大学计算机中心主任、教授，中国医药教育协会副会长、高等学校智能医学教产学研联盟理事长

张洪生　中国传媒大学文化产业管理学院执行院长、研究员（一届一次主任委员会议增补）

闫昶德　青岛市区块链产业商会会长、青岛链湾研究院执行院长（一届一次主任委员会议增补）

赵永新　河北金融学院区块链应用研究中心常务主任、教授（一届一次主任委员会议增补）

丁　方　中国人民大学文艺复兴研究院院长（一届三次主任委员会议增补）

叶毓睿　区块链存储概念首倡者；《元宇宙十大技术》作者；《软件定义存储》作者；高效能服务器和存储技术国家重点实验室首席研究员（一届六次提升职级）

尹巧蕊　法学博士、中央司法警官学院法学院教授、一级警督，习近平法治思想研究中心常务副主任、《元宇宙：社会治理新奇点》（清华大学出版社出版，该书经清华大学校党委专家审读并报教育部批准）

郑　杰　工学博士、教授，智能信息系统高级工程师、国务院政府特殊津贴获得者

吴庆豹　康华传媒董事长

常务委员：（52家/人，单位24家，个人33位）

　　江苏众亿国链大数据科技有限公司（毛智邦）

　　天下秀数字科技（集团）股份有限公司【A600556】（李檬）

　　万兴科技集团股份有限公司【300624】（吴太兵）

　　深圳市盛讯达科技股份有限公司【300518】（陈丹纯）

　　北京睿呈时代信息科技有限公司（王远功）

　　中文在线数字出版集团股份有限公司【300364】（童之磊）

　　深圳市虚拟现实产业联合会（谭贻国）

　　北京飞天云动科技有限公司（汪磊）

　　北京丹曾文化有限公司（黄斯沉）

　　广东星辉天拓互动娱乐有限公司（陈创煌）

　　唯艺（杭州）数字技术有限责任公司（佟世天）

　　北京全时天地在线网络信息股份有限公司【002995】信意安

　　江西欧恩壹科技有限公司（曾其丹）

　　凯撒（中国）文化股份有限公司【002425】（郑合明）（一届二次主任委员会议增补）

　　北京云途数字营销顾问有限公司（谭明）（一届二次主任委员会议增补）

　　上海瓣鼎网络科技有限公司（史明）（一届二次主任委员会议增补）

　　上海无聊飞船数字科技有限公司（周一妹）（一届三次主任委员会议增补）

　　江西燎燃科技有限公司（施亮）（一届三次主任委员会议增补）

　　河南七进制网络科技有限公司(马培军)（一届四次主任委员会议增补）

　　武汉泽塔云科技股份有限公司（查乾）（一届五次主任委员会议增补）

　　联通沃音乐文化有限公司（李韩）（一届五次主任委员会议升级）

　　江苏三载科技有限公司（夏琳琳）

　　北京人居康养建设集团有限公司（窦俊）

　　深圳市创想数维科技有限公司

　　徐德平　中国移动通信集团设计院无线所副所长、教授级高工

　　范金鹏　科研专家

　　李正海　元宇宙研究院院长、高级工程师

　　顾黎斌　中国移动通信集团浙江公司区块链专家组副组长、边缘计算专家组成员、中级工程师

程时伟　浙江工业大学计算机学院软件研究所副所长、教授

郑宇军　杭州师范大学教授

魏泽崧　北京交通大学教授、博导

孟　虹　中央美术学院网络信息中心主任（一届二次主任委员会议增补）

黄朝波　《软硬件融合》图书著者、某公司 CEO（一届二次主任委员会议增补）

梁　栋　20 余项发明专利拥有者、某公司 COO（一届二次主任委员会议增补）

高承实　出版过多本区块链书籍、某公司创始合伙人、副教授（一届二次主任委员会议增补）

张　烽　多项标准参与者、某律师事务所合伙人（一届二次主任委员会议增补）

王　峰　中国电信研究院 AI 研发中心主任、教授级高级工程师（一届二次主任委员会议增补）

王　涛　联通高级工程师、国家一级建造师、国家高级等保测评师（一届二次主任委员会议增补）

杜　彪　高级工程师、中国人工智能学会高级会员（一届二次主任委员会议增补）

甄　琦　多次国际大奖获得者、高级工程师、某公司 CEO（一届二次主任委员会议增补）

周　兵　工程师、某公司数字战略官（一届二次主任委员会议增补）

赵　萱　中国互联网新闻中心技术创新部主任（一届二次主任委员会议增补）

郑大平　北京元艺宙技术研究院院长（一届三次主任委员会议增补）

夏乾臣　清华大学博士后、副研究员（一届四次主任委员会议增补）

王桂静　北京远古遗珍博物馆副馆长（一届四次主任委员会议增补）

刘艳春　某金融机构、架构师（一届四次主任委员会议增补）

孟祥曦　国家工业信息安全发展研究中心工程师（一届四次主任委员会议增补）

曹世勇　北京盈科（武汉）律师事务所律师

范明志　中国政法大学数据法治研究院教授、中国审判理论研究会审判管理专业委员会副主任

孙　杰　科技公司 CTO、高级工程师

樊晓娟　北京市中伦（上海）律师事务所权益合伙人（一届六次提升职级）

山金孝　招商局集团数字化中心高级工程师

吴晓鹏　美国图形图像学会上海分会副主席

陈　端　经济学博士、中央财经大学数字经济融合创新中心主任，中国战略新兴产业研究院副院长

高泽龙　元宇宙 2086》、《元宇宙工程》等书著者

李铁军　　工业数字化从业者，前西门子中国 MES 行业总监，前亚马逊云科技制造业生态拓展负责人，前施耐德电气智能制造咨询部首席顾问，西交利物浦大学校外导师

　　张星智　　四川省工业云制造创新中心研究所所长、清华大学四川能研院电动执行器首席研究员、清华校友总会先进制造专业委会专家、西安邮电大学客座教授、腾讯集团研究院特聘研究员、WeMake 智能制造研究中心首席研究专家、SAP 产业赋能中心行业专家站特聘专家、四川省工业与信息化专家库专家、成都市发改委智库专家

正式委员：（计 58 家/人，单位 50 家，个人 7 位）

　　浙商银行股份有限公司【A601916+H2016.HK】（沈仁康）

　　广州趣丸网络科技有限公司（宋克）

　　北京蓝色光标数据科技股份有限公司【300058】（赵文权）

　　东莞市三奕电子科技有限公司（汪谦益）

　　深圳市人工智能产业协会（范丛明）

　　华扬联众数字技术股份有限公司【603825】（苏同）

　　西交川数院（四川）数字产业发展有限公司

　　数源科技股份有限公司【000909】（章国经）

　　杭州万同数据集团有限公司（王俊桦）

　　深圳市智慧城市研究会（张晓新）

　　宁夏区块链协会（施晓军）

　　湖北省会展经济发展促进会（罗毅）

　　深圳市互联网创业创新服务促进会（胥苗龙）

　　湖北省大型企业精神文明建设研究会（严明清）

　　广州山水比德设计股份有限公司【300844】（孙虎）

　　武汉市区块链协会（胡自锋）

　　上海龙韵文创科技集团股份有限公司【603729】（余亦坤）

　　杭州文化产权交易所有限公司

　　海南师范大学校友会（刘杼）

　　北京恒华职业技能培训学校有限公司（范孜轶）

　　拓尔思信息技术股份有限公司【300229】（李渝勤）

　　上海敦鸿资产管理有限公司（袁国良）

　　引力传媒股份有限公司【603598】（罗衍记）

　　南京金浣熊文化传媒有限公司（董恒江）

　　世优（北京）科技有限公司（纪智辉）（一届一次主任委员会议增补）

建投数据科技（山东）有限公司（陈长玲）（一届一次主任委员会议增补）

北京首都在线科技股份有限公司（曲宁）【300846】（一届一次主任委员会议增补）

诚伯信息有限公司（谭杰强）（一届一次主任委员会议增补）

深圳市和讯华谷信息技术有限公司（陈光炎）【纳斯达克JG】（一届一次主任委员会议增补）

杭州元艺数科技有限公司（田井泉）（一届一次主任委员会议增补）

深圳市宝德投资控股有限公司（李瑞杰）（一届一次主任委员会议增补）

广州胜维科技有限公司（程庆华）（一届一次主任委员会议增补）

元启星辰（北京）科技有限公司（韩飞云）（一届一次主任委员会议增补）

比特视界（北京）科技有限公司（李晶）（一届一次主任委员会议增补）

移动微世界(北京)网络科技有限公司（王兴灿）（一届一次主任委员会议增补）

功夫动漫股份有限公司（李竹兵）（一届二次主任委员会议增补）

杭州原与宙科技有限公司（石琦）（一届二次主任委员会议增补）

杭州遥望网络科技有限公司（谢如栋）（一届二次主任委员会议增补）

杭州卡赛科技有限公司（金双双）（一届三次主任委员会议增补）

光子玩品（杭州）数字技术有限责任公司（陈梓荣）（一届三次主任委员会议增补）

秦皇岛肆拾贰宇数字科技有限公司（郑天华）（一届三次主任委员会议增补）

深圳市添域科技有限公司（黄坤煌）（一届三次主任委员会议增补）

海道数字文化产业（杭州）有限公司（王长恒）（一届三次主任委员会议增补）

北京亿升向前商贸有限公司（高存）（一届三次主任委员会议增补）

航天宏图信息技术股份有限公司（王宇翔）（一届四次主任委员会议增补）

北京红棉小冰科技有限公司（李笛）（一届四次主任委员会议增补）

杭州沃驰科技有限公司（周路）（一届四次主任委员会议增补）

央链直播（深圳）有限公司（一届五次主任委员会议增补）

湖南星元国际会展有限公司（刘雷）

常州神由之星数字信息产业发展有限公司

曹明伟　安徽大学　副教授

杨　正　北京星际远航文化传播中心主任

李　政　清华环境研究院碳中和技术与绿色金融协同创新实验室

马兆林　西安交通大学特聘教授（一届三次主任委员会议增补）

李柳君　青岛城市学院数字媒体艺术系主任，杭州向正科技元宇宙 XR 电影研究院副院长（一届五次主任委员会议增补）

孟永辉　某科技文化公司创始人、元宇宙架构师、多个媒体专栏作者（一届五次主任委员会议增补）

粮时丽　中华孝道园元宇宙事业部总监

观察员：（计14家）

华研科技文化（深圳）有限公司（刘韵）

北京铜牛信息科技股份有限公司【300895】（吴立）

恺英网络股份有限公司（陈永聪）【002517】（一届一次主任委员会议增补）

湖北盛天网络技术股份有限公司（赖春临）【300494】（一届一次主任委员会议增补）

深圳奥雅设计股份有限公司（李宝章）【300949】（一届一次主任委员会议增补）

南京宁奥诚信息科技有限公司（董波）（一届一次主任委员会议增补）

广东虚拟现实科技有限公司（贺杰）（一届一次主任委员会议增补）

上海维迈数字科技有限公司（凌毅）（一届三次主任委员会议增补）

燊海（杭州）艺术科技有限责任公司（王军峰）（一届三次主任委员会议增补）

南京麦特威斯科技有限公司（陈勇）（一届三次主任委员会议增补）

陕西博骏文化控股有限公司（一届三次主任委员会议增补）

威视芯半导体（合肥）有限公司（李亚军）（一届四次主任委员会议增补）

嗨淘吧新零售数字科技（宁夏）有限公司（曹园园）（一届四次主任委员会议增补）

上海犀奇数字科技集团有限公司（剡一尧）（一届六次主任委员会议增补）

杨　振　新浪VR总经理

秘书长单位：

物链芯工程技术研究院（北京）股份有限公司

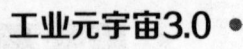

【元宇宙"数据要素"全国大赛是国家数据局牵头多部委举办"数据要素 X"全国总决赛推荐资格的第三方赛，首批九家获得，本赛排序第 7 号】

2024 元宇宙"数据要素"全国大赛
入围名单

2024 元宇宙"数据要素"全国大赛，表面上是一场技术和创意的竞赛，实则是一场关乎元宇宙数据要素未来的集体探索。它不仅仅是在寻找最优秀的项目，更是在为未来的数据驱动型社会探路。本届大赛得到社会各界积极响应，共 125 个团队 192 个项目参赛，12 个协会为 2024 元宇宙"数据要素"全国大赛推荐 73 支团队 106 个项目，38 所院校 246 个学生创意项目。

除去学生创意项目，参赛项目应用落地类的 124 个，占比 63.27%；概念验证中的 56 个，占比 29.16%；创意策划中的 12 个，占比 6.25%；参赛项目对标国家国家数据局定义的十二个赛道，结合 AIGC、ChatGPT、6G、AI、AR/VR、脑机接口、数字孪生、Web 3.0 等技术和行业领域，重点面向城市元宇宙、工业元宇宙、科教元宇宙、文化元宇宙、金融元宇宙等应用场景，聚焦解决实际问题，突出数据要素价值；聚焦于元宇宙数据要素在农产品、生活医疗健康消费品、文化文旅文娱消费品及金融消费品生产与流通过程中的有效利用。参赛团队围绕要素模型构建、数据支撑强化和应用场景创新，提出创新解决方案，以数据为驱动力，推动消费品领域的数字化转型，实现产业的持续创新和发展。

大赛对有效的 192 个申报项目按程序通过初审，81 个项目入围，入围率 42.19%，很具有示范性，依填报时间先后排序。学生牵头的 246 个项目另行比赛，另行公布。

序号	项目名称	牵头单位	参与单位	团队成员
1	企业数据堡垒引擎	成都星辰数创科技有限公司	北京数尔街一号科技有限公司	程建平、苗放、周迅
2	北京新机场教育科研基地智慧平台项目	北京华光浩阳科技有限公司	联通(北京)产业互联网有限公司	林国喜、吴道胜、杨万兴、李力
3	数据融通机制	云尚租（北京）网络服务有限公司		闫华东
4	AI 虚拟水族馆	珠海锦荣智能科技有限公司		杨威、黄燕玲
5	中华大健康元宇宙平台-中医非药物疗法	钟祥市禹源健康科技有限公司-湖北	北京通达事理健康长寿研究所	白松川、陈玉琴
6	可监管反作弊电秤及服务系统	四川村村富农业科技有限公司	成都星辰数创科技有限公司	程建平、周迅
7	国家地理标志电子化及供应链管理	万企数字内容服务（海南）集团有限公司	四川省益民供应有限公司 成都星辰数创科技有限公司	程建平、周迅、王泽华
8	圣诺云数数据资产服务平台	河北圣诺联合科技有限公司	河北智能合约科技有限公司	由楷、殷宏飞、董玉韩、路平
9	元游宁夏——宁夏文旅元宇宙数字营销服务平台	宁夏盛天彩数字科技股份有限公司		侯文瑞、徐立冬、侯文靖、肖丞昊、第伍文博
10	红链数据港—文物旧址数字文化大文旅应用平台	福建南平浪帆跃动文化传媒有限公司		林国锋、伍涛、郑理漫、李云烽、林芳吉
11	创新与传承—数字中医与数字食疗	北京通达事理健康长寿研究所	钟祥市禹源健康科技有限公司	白松川、陈玉琴
12	青廷数科：乡村文旅产业+元宇宙场景开发应用	杭州青廷数字科技有限公司		向敏、李雪婷、黄祥正、鲍宜清、曹璇
13	元宇宙产业信息数据汇集平台	北京泛亚智库国际咨询中心		张伦、王文、李有和、袁芝
14	元宇宙中的数据管理监测体系	成都均共达科技有限公司		杨均、李茂、艾勇
15	北京邮电大学 5G 智慧校园项目	联通(北京)产业互联网有限公司	中国联通北京市分公司、北京邮电大学、云启智慧科技有限公司	徐冰玉、张馨瑶、陈俊杰
16	VR 文旅大空间--机械觉醒·探索之旅	北京新知元浪网络科技有限公司	新浪 VR	杨振、李鹏飞
17	元宇宙上古医学中医药数据源大模型平台	北京绿螺医学研究有限公司	山东绿螺医疗管理有限公司 上海蜜度科技股份有限公司 北京本和然医学研究院有限公司	俞建臣、高习超、赵慧莹、杨仁鸣、管庆宁、解晓敏、王军

续表

序号	项目名称	牵头单位	参与单位	团队成员
18	灵方AI:低成本的工程空间数据解决平台	清云小筑（北京）创新技术有限公司		宋盛禹、卢北辰、彭志成
19	三维生命延续新纪元数据体系	元领汇数字科技有限公司	山东创威教育发展集团有限公司 山东绿螺医疗管理有限公司 自然本疗医学检验所（北京）	张立功、王玉真、王静、周素芳、何飞、王秀琴、李海明
20	"供能卫士"—数智化园区综合供能能效诊断系统	国网浙江省电力有限公司杭州市临平区供电公司	天津山行信息技术有限公司 天津大学	姜建、陈琴芳、王芳、周维宏、刘佳委
21	数据融合AI创新推动服装产业降本增效	北京清博智能科技有限公司		方文佳、李弘毅、张振亚
22	AIGC 文旅元宇宙	青岛城市学院艺术与设计学院 AIGC 实验中心	杭州灵犀三垣科技有限公司、青岛火森林人工智能有限公司（远创国际森林AI中心）、中国AIGC产业联盟	李柳君、胡强、肖恩、崔小飞、郑樟银
23	AI 赋能智慧配电网无人机巡检示范项目	国网浙江省电力有限公司杭州市临平区供电公司	江苏星湖科技有限公司 南京邮电大学	唐洪良、张雪容、朱鹏、陈悦、梁标
24	元娲--文旅元宇宙（虚拟人应用）	北京清博智能科技有限公司		陶育好、陈军、裴梦成
25	基于5G技术与B/S架构的虚拟仿真智慧医学共享数据资源平台	西南医科大学		娄岩、罗亚梅、李瑾、袁红、钟丽莎、何精
26	数据要素赋能数字菜田项目	联通数字科技有限公司		刘源龙
27	元上古村—丹巴中路片区古村落文旅	上海沃橙信息技术有限公司		王霞飞、包俊、曹兴
28	唯艺云—数链云一体技术服务平台	唯艺（杭州）数字技术有限责任公司		佟世天、李颖轩、高远
29	数据整合数字档案馆项目	联通数字科技有限公司		刘昕阳
30	基于Unity3D引擎的VR游戏开发平台	北京良用精选科技有限公司		朱嘉鹏、何麟、何源哲
31	元宇宙下支持多模态交互的VR酒文化博物馆	南京信息工程大学	安徽建筑大学	潘志庚、刘东、林思远、蔡创新、王文韵
32	"智筛无碍"北冥AI赋能认知障碍医疗系统	杭州北冥星眸科技有限公司		钱小一
33	古韵新生：AIGC助力古文物三维重建	苏州城市学院	南京万生华态科技有限公司	汤家华、燕子桁、蒋雨彤、向颖杰、

续表

序号	项目名称	牵头单位	参与单位	团队成员
34	Heart-3D Moment App	上海搜搭科技有限公司		康迁松、李睿、徐新沅、杨润一
35	公共文化传播与空间计算平台	杭州易现先进技术有限公司		翟喜峰、李晓燕、丛林
36	元宇宙数据要素赋能金融服务创新项目	河北金融学院	国数未名（北京）科技公司、北京大学政府管理学院、河北银行、物链芯工程技术研究院（北京）股份有限公司	赵永新、陈洪涛、彭庆辉、刘晓雯、陈玥
37	"归一穴位贴"引领无痛速效数据系统	泉州市归一堂健康科技有限公司	松草实验室（深圳）有限公司	邓小武
38	构建分布式人脉数据资产价值链——"脉友"人脉数资孵化云链系统	香港数字经济共同体有限公司	欣商云（北京）数字科技有限公司、超飞巨英联盟（北京）企业管理有限公司、物链芯生态科技（北京）有限公司	窦俊、谢瑞耘、熊凡、孙士彬、邵晓婷
39	以数赋能 探索元宇宙文化之旅	联通在线信息科技有限公司	联通沃音乐文化有限公司、国博（北京）文化传媒有限公司、中国历史研究院、广州凡拓数字创意科技股份有限公司	贾志强、周澄华、常剑、陈秋霖、李韩、庞文刚、唐瑞、曾超、张洪涛、张帆、林霞、林金怡、问航、李翔、蔡闻哲、景玉芳、许柯杨
40	平台叁—元宇宙底层技术及承载平台	波维希数字科技有限公司		刘鑫宇、王李芳
41	XR遥操作人形机器人系统	成都恒创新星科技有限公司		张星智、文江涛、张宏、王毅、杨诗霞
42	人工智能的车路云一体化——路侧全息感知平台	四川华体照明科技股份有限公司		张星智、张超、任勇、王一峰、孙伟
43	道可云文旅元宇宙AI数据要素商业运营平台	青岛道可云网络有限公司		孙即林、丁兆龙、刘祥洛
44	于北斗定位的航空飞机元宇宙体验系统研究	高精地基导航授时南京研究院		沈玉鑫、张亮、祖兆亮
45	北京顺义区高标准农田建设项目	联通（北京）产业互联网有限公司	联通数字科技有限公司	张睿毅、绳群丽
46	城汇玩--用web3技术激活社区活力	成都构影科技有限公司		张元杰、邓昊、赵露、严棋益、余曼宁

续表

序号	项目名称	牵头单位	参与单位	团队成员
47	释然而愈元宇宙数字艺术疗愈空间	释然而愈（北京）科技文化有限公司		艾诗然
48	元宇宙数字农业商贸服务平台	成都西部硅谷科技有限公司	生命材料技术（北京）有限公司、北京人居康养建设集团有限公司、超飞巨英聚能高新科技（北京）有限公司	章飞、粮时丽、陈莹、刘涛、张德华、段仁洪
49	AI在企业管理中的创新应用系统	中安网视野（厦门）元宇宙科技股份有限公司		邓莺飞
50	北京顺义区公安执法元宇宙建设项目	联通（北京）产业互联网有限公司		张睿毅
51	时空旅程--人工智能科技研学体验馆	时空旅程（长春）科技发展有限公司		王屹夫、张帅、张晨、李凯玺、易慧
52	央链数据学习积分平台	央链直播(深圳)有限公司	央链科技（北京）有限公司、浙江央链游戏有限公司、央链积分（海南）有限公司、链上诗路（浙江）有限公司、	李海霞、易珩珩、武艳芳、胡小鸥、张东华、付锐峰、晏蕾、尚堃、宋津津、焦莉、夏辉发
53	文博数字化与文博智能馆长	南京市文化投资控股集团有限公司		景超
54	慧康链：城市健康数据感知计算与大健康产业融合一体化创新中心平台	数算电产业融合（庆阳）研究院	北京凯瑞克司健康管理有限公司、河北光媚磁康科技有限公司	陈艳媚、刘昌军
55	星球Space文旅元宇宙	香港中旅国际投资有限公司	元极科技（广州）有限公司	周源邵、龚梦溪、刘畅、周莘
56	互联网电商私有化云平台	北京中岠科技有限公司		任政、李林豪、王兴基
57	智能头环睡眠检测仪	江苏优脑技术有限公司		谢屈波、颜槐、段浩
58	人工智能元宇宙企业3D虚拟展厅	南京空间逸界网络科技有限公司		谭晨、蔡晓斌、陈阳
59	元宇宙应用开发平台	南京飞蝶灵创数字科技有限公司		刘海荣、张成瑞、徐建喜、寇世蜜、秦滔、王思慧、陈慧慧
60	基于活动的校园通社交平台	东南大学经济管理学院		何勇、张建军、吴剑锋
61	"道可DAO"《道德经》智慧生态	链证经济（上海链实信息有限公司）		罗梅芳

续表

序号	项目名称	牵头单位	参与单位	团队成员
62	web3.0 供应链金融与隐私数据基础平台	蔷薇聚信（北京）科技有限公司		刘敬、翁书涵、张连蒙、张会波、刘贺加
63	春色如许——《牡丹亭》文化数据VR展览	江苏开放大学艺术学院	南京光尘信息科技有限公司、有艺为之（南京）艺术创意有限公司	孟瑶、陈坤、夏准
64	区块链智能合约安全检测与防护数据管理系统	南京链集信息科技有限公司	央链法律咨询服务（北京）有限责任公司、央链数权贸易（深圳）有限公司	张贺宁、杨若晨、周胜、易珩珩、赵静静
65	基于区块链的创作协作平台	江苏魔窗区块链科技有限公司		于苏丰
66	"镜湖月 she&"民族特色虚拟服饰	南京财经大学动漫艺术研究所		穆弈君、赵远志、邵怡宁、黄钰莹、张静怡
67	小分身数字人营销工作站	中科新造（江苏）科技有限公司		徐晋璇（墨霏）、邹奇、刘正宇
68	农业空间智能一体化平台	北京工业大学	慧首（北京）科技有限公司	张文利、白婷婷、全文佳、王宇骁、聂绮
69	元宇宙区块链助农项目	宣威市杨柳镇归雁种养殖场	英国南安普顿大学、广东培正学院、中南大学	段建平、赵瑞洁、谢淞、孔珍、王泽鸿、杨鸿
70	Web3.0 价值互联网	火奇云计算（东莞）有限公司	广州南软科创互联网信息服务有限公司	彭实、程峰、程继贵
71	VR 工坊--基于动作捕捉技术的数字人动作展示平台	苏州城市学院	南京万生华态科技有限公司	李婷婷、燕子桁、耿铭皓、周嗣伟
72	大数据运营培训系统	北京中岠科技有限公司		任政、董铁林
73	马铃薯全产业链基础资源管理与区块链溯源平台	北京领航数智信息技术有限公司	北京邮电大学	余振江、邢玉良
74	此声童行——AI 技术赋能儿童有声产品	浙江此声文化科技有限公司	南京此声传媒有限公司、南京灯火文化科技有限公司、南京汉诺数字科技有限公司	户鹏飞、孔林潇、周苏仪、周诗悦、朱雅婷
75	"元实训"数据职业教育平台	江西中直新经济产业发展有限公司	江西财经大学虚拟现实（VR）现代产业学院	汪翠芳、汪晨、李享、杨文东、彭星
76	办公OA与邮件微博博客系统云平台	北京中岠科技有限公司		李林豪、王兴基、李明飞、孟超、黄天驰
77	数据资产评估模型	北京综合赋能科学技术中心		李宇、郭光亮、张恩澍

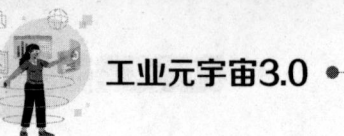

续表

序号	项目名称	牵头单位	参与单位	团队成员
78	工业元宇宙数据要素感知分析平台	三一三公社（北京）科技文化传媒有限公司	中国机器人产业创新孵化联盟、北京建大基业科技产业研究院、央链实验室（深圳）有限公司、山东康华传媒有限公司	吕希罡、吴庆豹、刘晓雯、赵迎、邵尉
79	构建计量大模型，变"水计量"为"水管家"	苏州自来水表业有限公司	杭州水表有限公司、汇中仪表股份有限公司	姚顺洁、朱煜、严斌、高勇、许伦、
80	工业安全生产风险监测预警系统	广东方柚科技有限公司		张绍灵、隆昌荣、刘炳宏、兰博、孔辉
81	"如境"-虚拟现勘实训平台	南京市公安局浦口分局		徐海亮、邵伯宜、亓冰、王学明、刘希龙

反侵权盗版声明

电子工业出版社依法对本作品享有专有出版权。任何未经权利人书面许可,复制、销售或通过信息网络传播本作品的行为;歪曲、篡改、剽窃本作品的行为,均违反《中华人民共和国著作权法》,其行为人应承担相应的民事责任和行政责任,构成犯罪的,将被依法追究刑事责任。

为了维护市场秩序,保护权利人的合法权益,我社将依法查处和打击侵权盗版的单位和个人。欢迎社会各界人士积极举报侵权盗版行为,本社将奖励举报有功人员,并保证举报人的信息不被泄露。

举报电话:(010)88254396;(010)88258888

传　　真:(010)88254397

E-mail:　dbqq@phei.com.cn

通信地址:北京市万寿路173信箱
　　　　　电子工业出版社总编办公室

邮　　编:100036